没入読書

年間3000冊以上読破する読書家

渡邊康弘

サンマーク出版

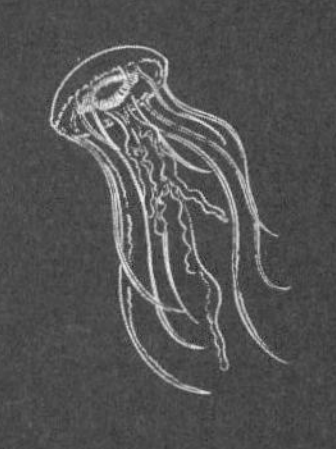

本を開いて読みはじめる。

周囲の音が
聞こえなくなってくる。
情景が、
はっきり浮かび上がってくる。

音が、聞こえてくる。

鼓動は高まり、

ゾクゾクし、鳥肌が立つ。

今日は、ここまでにしよう。
本を閉じ、顔を上げると、

世界が、少し広がって見える。
手の皮膚が少し、
敏感になったような気がする。
なんだか気分がいい。

あなたも、本の世界に没入しませんか？

prologue

本を読めなくなった私たちが読書を取り戻す方法

本を読めなくなった本当の理由

読書を楽しんでいますか?
あなたが幼かった頃、もっと自由に読書を楽しんでいませんでしたか。
本の世界に没頭して、無我夢中で本を読んでいたことでしょう。

しかし、年齢を重ねて社会人となり、どんどん本が読めなくなっていった——。

「昔は読めていたのに、働きはじめてから本を読む時間がとれなくなった」
「集中力がなくなって、本の世界に没頭できない」
「本の内容が頭の中に入ってこない」
「なんとか読み終わっても、あとでどんな内容だったのか思い出せない」

こんな声をよく聞きます。

じつはこれ、正しい認識ではありません。

急に本が読めなくなったり、本の内容が頭に入らなくなったり、集中できなくなったり……ではないのです。

〝あること〟が積み重なったことで、本が読めなくなったのです。

あなたの意識は、さまざまな情報によって影響されています。

いつも持ち歩いているスマートフォン（以下スマホ）から、電話、メール、SNS、メッセンジャーアプリ、ソーシャルゲームの通知音。

私たちは、以前よりはるかに多くの**注意を奪われつづけている**のです。

いったん、さまざまな情報に影響を受けてしまった私たちは、**反射的に起こる通知に身を委ねてしまうと、どうしてもその刺激から抜け出せなくなるのです。**

そして、気がつくとスマホを手に取っています。

朝起きてから、食事のときもスマホを手に取っています。

会社に行くまでの時間も、会社での時間も、会社からの帰宅の際もスマホを手に取っています。

私たちは、スマホに触れている時間が明らかに長くなったのです。


スマホや携帯がなかった時代、私たちの手元にあったのは本や手帳でした。

電車の中の時間も、半分ぐらいの人が本を開きました。

隙間時間や休みの時間に触れるものも本でした。

その理由は、「時間を潰す」ための人も多かったでしょう。

つまり、私たちが働きはじめて本を読めなくなったのではないのです。

私たちは、スマホに触れる時間が長くなった。それだけなのです。

ではこのような状態から、どうすればいいのでしょうか？

それがこの本でお話しする「没入読書」です。

スマホが普及しているこの時代で、やる気などの意思力に頼らない、自動的に集中できる本の読み方をご紹介します。

47秒間で少しだけ本を読んでみる

まずは、スマホに意識をとられていたところから、**ほんの少しでも本に触れる時間を過ごす**こと。

ある研究では、近年**スマホやパソコンのディスプレイ画面への集中力でさえも約47秒**しかないことがわかってきています。

この「47秒でできること」から始めていきましょう。

この短い時間で何ができるのでしょうか？

まずは――**本をパラパラとして、パカッと開きます。**

そして、**47秒間で開いたページの目に飛び込んだ文章から読みはじめてみること。**

ここから、本を読む接点を作っていきます。

これが、私たちが何かに集中、没入する力を取り戻すきっかけになるのです。

このような簡単な方法から、**科学的により深い没入の仕方まで、本文でくわしく解説していきます。**

まずは毎日47秒、これを意識することから始めてみませんか。

新しい本でも、過去読んだ本でも、もちろん大丈夫。

これなら、スマホに注意が奪われる前にもできますよね？

本を〝自分〟に取り戻そう

申し遅れました。

私は、**年間3000冊（うち漫画が約1000冊）以上の本を読む読書家**です。

ネット書店も利用します。でも、やはりリアル書店で本を買うのが大好き。本に年間約400万円〜500万円使い、**この10年では累計4500万円**使いました。

いまでこそ「日本トップレベルの読書家」といわれる私ですが、思春期の頃から20歳まで本を読むことができませんでした。

それ以前の幼少期は、『かいけつゾロリ』などの児童書を愛読していました。しかし、小学6年生の頃、背伸びして読んだ夏目漱石の本で読み間違いをしてしまいました。先生から笑われ――それ以降、本を読めなくなってしまったのです。

それでも学生時代は、図書室に行っては雑誌を読んだり、歴史漫画を読んだりはしていました。

ですが、文字だけの本がなかなか読めなかったのです。

読んだとしても、頭の中に入ってきません。

なんとか途中まで読めたとしても、どんな内容だったのか語ることはできません。

挙げ句の果てには、本を開くと眠くなってしまう……そういったことに苛(さいな)まれていたのです。

そんな私に、転機が訪れました。

大学入試の最後の日、偶然一冊の本に出合いました。それは、『お金と英語の非常識な関係』という本。ここから私の読書人生は大きく変わったのです。

この上下巻2冊の本を、たった2日で読むことができたのです。

そこには「速読法」が書かれていて、いままでの読書の常識を打ち破るものでした。

一行ずつ読み進めていく読書法ではなかったのです。

毎秒1ページずつ、進んでいく読書法でした。

その方法に出合い、私の読書に対する考え方が大きく変わりました。

速読法で本を読むようになって、「読書の本質」に近づいたのです。

それは、**読書は著者の意見がすべてであるという「他者本位」のものを、自分と著者は対等であるという「自分本位」に取り戻すこと**でした。

やる気に頼らず体が勝手にのめり込む！

そうして本が読めるようになって、日本で出版されているありとあらゆる読書術や速読術から、海外も含め世界中の読書術を研究しました。

そして、たどりついた読書法のポイントがこちらです。

- **やる気や意思力を使わない**
- **意識的に集中しようとしない**
- **本を読むことに価値があると体に思い込ませる**

そう、私たちが幼い頃にしていた**本の世界、読書の世界にのめり込んでいくあの没入した感覚が、自動的にできる**のです。

それがこの本でお伝えする「没入読書」です。

1章では、没入読書とはどのようなものかをお話しします。そして、没入読書ができるようになると、**楽しく本が読めるようになるだけでなく、集中力が身についたり、ストレスが軽減されたりします。**その7つのメリットをご紹介します。

2章では、没入して本を読む方法を7つ紹介します。

没入であるフロー状態とは、目標を設定したり、呼吸を整えたりするといった具体的な方法で導くことが可能です。さらに、本の難易度が自分にとってやさしすぎても、難しすぎても集中が切れてしまいます。こういった科学に基づいた具体的な方法をご紹介します。

3章では、私が開発した**究極の没入読書である「レゾナンスリーディング」をご紹介します。**

速読法などのさまざまな読書術を習ったけれども、**「本を読めている実感が湧かない」**という人たちが、ものの数十分で本を読んでいる実感を得て理解ができるようになりました。さらに、自分の必要としている情報をスピーディーに、かつ本質的に入手できるようになります。

4章では、私が**人生の9割をどうやって本に全振りしたのか**、そして全振りした結果についてお話しします。

本を読みつづけるためには、「時間」だけでなく、「お金」に関する問題もあります。その時間やお金についても言及していきます。

これから、この本であなたに伝えたいことは、たったひとつのことです。

本を読むのが楽しいと思えるようになってほしい、ということ。

そのための方法が、**自動的に集中状態になれる「没入読書」です。**

これで、忙しく働きながらでも、読書習慣を身につけることができます。

読書から得た知識をもとに、ビジネスをうまく進めることもできるでしょう。

何より、人生が楽しくなります。

さあ、これから本の世界に没頭できる「没入体験」が始まります！

没入読書

もくじ

prologue

本を読めなくなった私たちが読書を取り戻す方法

1章 集中できない時代の「没入読書」

2章 没入して読むための7つの方法

3章 究極の没入読書法「レゾナンスリーディング」

4 章

本に人生を全振りしたら起きたこと

epilogue

本と前向きな想いさえあれば、いつだって人生はやり直せる

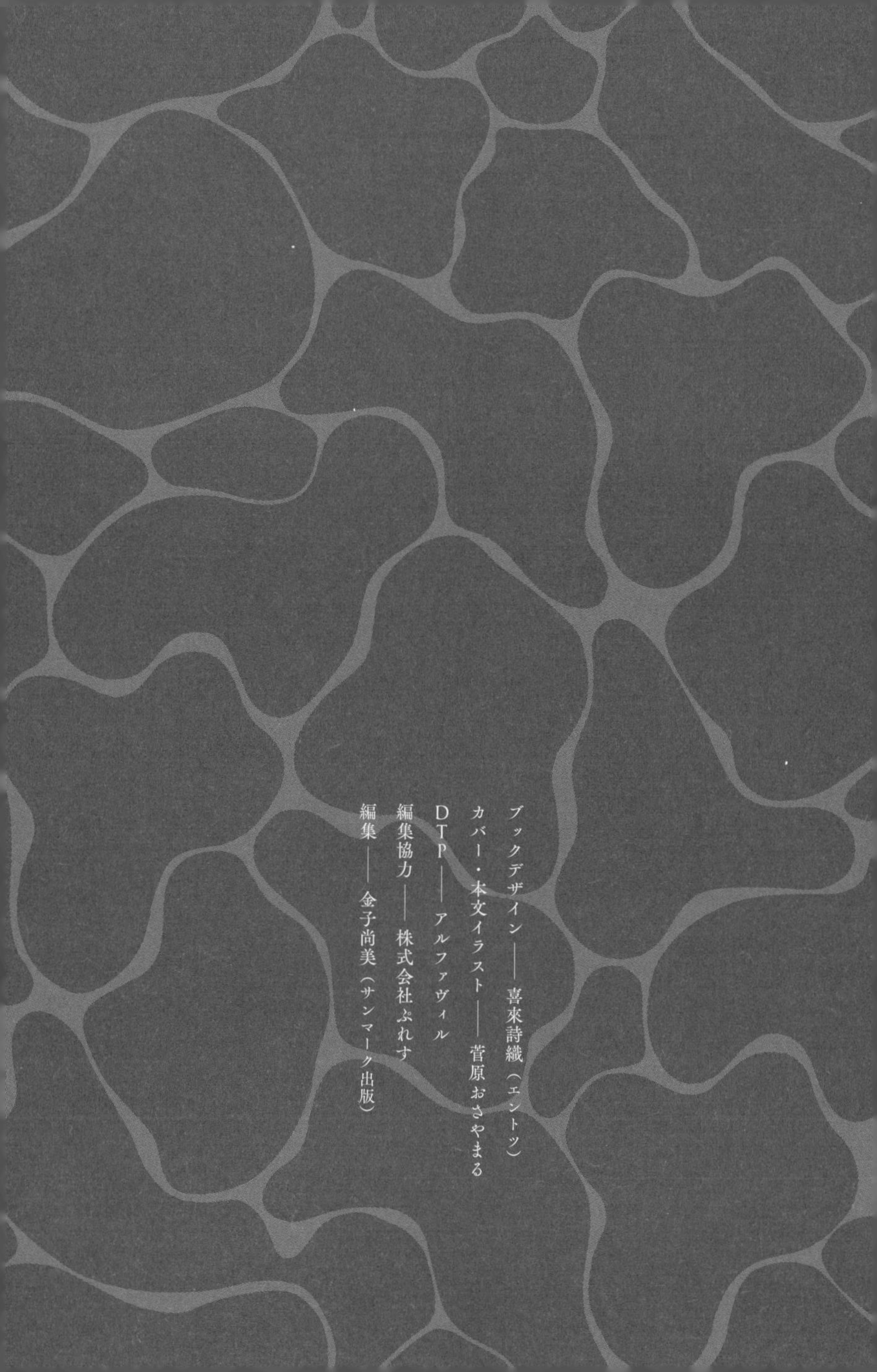

ブックデザイン――喜來詩織（エントツ）
カバー・本文イラスト――菅原おさやまる
DTP――アルファヴィル
編集協力――株式会社ぷれす
編集――金子尚美（サンマーク出版）

1章

集中できない時代の「没入読書」

集中できなくなってきた私たち現代人

「昔は読めていたのに、働きはじめて読めなくなった」

学生時代には本を読めたけれど、働きはじめて本が読めなくなったという人も多いと聞きます。

三宅香帆さんの『なぜ働いていると本が読めなくなるのか』という本もベストセラーとなり、いかにそう考えている人が多いのかがわかります。

この本での著者の主張は、「週5日ほぼ出社して、残りの時間を生活や人間関係にさいていたら、本を読む時間がないというのは当然。本を読む余裕のない社会っておかしくない？」ということ。

たしかに一理ありますよね。解決方法として、「自分と趣味の合う読書アカウントをSNSでフォローする」「iPadを買う」「帰宅途中のカフェ読書を習慣にする」「書店へ行く」「いままで読まなかったジャンルに手を出す」などが上がっていました。

ですが……仕事をしていて本を読む余裕が本当にないのだとしたら、こちらだけでは解決しないという人もいるかもしれません。

私なりに「なぜ働きはじめると本が読めなくなるのか？」を考えると、生活や人間関係に時間がさかれるだけでなく、**「集中」が原因のひとつ**ではと思案しています。

事実、私たちの集中時間はますます短くなる一方。

アメリカのカリフォルニア大学アーバイン校の総長特任教授グロリア・マークによれば、コンピューターの一画面に注意している時間は2004年に平均150秒でした。それが、2012年には75秒となり、さらに2016〜2021年は、**44秒〜50秒（平均すると47秒）とどんどん短くなっています。**

それに加え、**ひとつの仕事領域に集中できる平均持続時間も10分29秒となっています。**

社会に出ると、私たちは意識を切り替えることが多くなります。

電話、メール、メッセンジャーなどのコミュニケーションツール、SNS、ウェブ検索、会議、同僚との会話、書類作成……意識を切り替えざるを得ないことが年々増えてきています。

この意識の切り替えで、**元の作業に戻るまで平均25分26秒の時間がかかる**ことがわかってきています。

ADHD（注意欠陥多動性障害）を中心に、過去20年間研究してきたアメリカのボストン大学チョバニアン&アヴェディシアン医学部精神医学臨床教授のポール・ハマーネスは、**デジタル社会の情報過多による刺激は、脳に注意散漫をもたらし、集中力不足をもたらしている**と述べています。

また、**睡眠時間も集中力に大きな影響を与えています。**

総務省が5年ごとに実施している「社会生活基本調査」によれば、調査が開始された1976年の平均睡眠時間は、男性8時間15分、女性7時間56分。2016年は男性7時間45分、女性7時間35分。

40年間で、男性は30分、女性は21分、睡眠時間が減少しているのです。

このように年々、私たち現代人の集中力は落ちています。

これらが、私の考える「働きはじめると本を読めなくなる理由」です。

まずは毎日の「47秒読書」で本と付き合いはじめる

そもそもあなたにとって、本を読むとはどんなことでしょうか？

「はじめのページの一行目の1文字目から始め、直線的に一字一句精確に、最終ページの最終行まで読んでいくもの」

と、答える人も多いかもしれません。

たしかに、読むというのは「文字を見て、その意味や内容を考える」行為なので、これは間違いではありません。

それでは、「本を読んだ状態」とはどのような状態を指しますか？

「著者の意見を理解して、内容を誰かに伝えられる」

「ストーリーを簡潔に要約して話すことができる」

「本の中から、日常生活に活かすためのヒントが得られている」

「悩んでいることを本から学び、その答えを知る」

このようにさまざまな答えが返ってきます。


統一された答えではない理由は、私たちが小学生の頃に文字の読み方や音の出し方、文字の意味、文章の読み方は習ったものの、その後も、**本とどのように付き合っていいのかは習ってこなかったから。**

最近ようやく「学習指導要領改訂」にて、「生涯にわたって読書に親しみ自己を向上させる」ことや、「本にはさまざまな立場や考え方が書かれていることを知り、自分の考えを広げたり深めたりする」ということが記載されるようになりました。


私にとって読書とは、「心に響く一文に出合えるかどうか」です。

「この本を読めてよかった」というのは、心に響く一文によって生まれます。

その一文に出合えば、もうほとんど読んだ状態になる本もあります。そこから、この本を深めたい、もっと内容を知りたいと時間を費やしていきます。

そのためにも、大事なのは、**いまよりも少しだけ本とのかかわりを増やすこと。**

29ページでもお話ししたように、スマホやディスプレイの画面への集中力でさえも、約47秒しかもちません。

まずは、この47秒間から本と付き合いはじめましょう。

47秒間とは、ゆったりとした呼吸**「5秒間で口から息を吐き、5秒間で鼻から吸う」を5回したくらいの時間。**

①ゆったりとした呼吸を繰り返す
②①をしながら、本をパラパラとして、好きなところをパカッと開く
③47秒間で、開いたページの目に飛び込んだ文章から読みはじめる

本との付き合いをこの47秒で始め、次は本を読むことは楽しいと体感させましょう。

本とのつながりを取り戻す「47秒読書」

① ゆったりとした呼吸を繰り返す

5秒間でホォーと口から息を吐き、5秒の間にスゥーと鼻から吸う

② ①をしながら、本をパラパラとして、好きなところをパカッと開く

③ 47秒間で、開いたページの目に飛び込んだ文章から読みはじめる

①を5回繰り返したくらいが47秒間

スマホがあっても集中できる約10分の指速読

スマホが本格的に普及しはじめる2010年頃まで、会社や家族、友だちなどのコミュニティと私たちはまだ切り離されていました。

よくも悪くもスマホの便利なアプリが、常に会社や家族、友だちなどのコミュニティに接続されている状態を作り出し、私たちの集中力を削っているのです。**だからといって、「スマホを切りましょう」「スマホを捨てましょう」では本末転倒。**

こういう時代だからこその読書法があります。

そのカギは、ひとつの仕事領域に集中できる「10分29秒」という仕事への平均持続時間。

この「10分29秒」の間に、本を読むことは楽しい、本を読むことには「価値」があると、体に覚えさせることです。

そこで、約10分で実践できる「**指速読**」という方法をご紹介しましょう。

そもそも読書が遅い人というのは、読み返しが頻繁に起きています。

読み返しの現象が起きると、読書を静止する回数が多くなって、読むのが遅くなってしまうのです。

反対に、**読書が速い人ほど、読み返しや静止時間も少なく、一度に読む量も多いのです。**

毎分1000文字を読むことができれば、読書スピードは全体の上位5%に入れるといいます。平均的な本が一行40文字と考えると、毎分25行進んでいきます。

一冊の本は、8万字から12万字で作られていることが多いので、80分~120分ぐらいで読める人は読書が得意といってよさそうです。

それでは、この読書が得意な上位5%に入るには何をしたらいいでしょうか?

その答えは、「指」という視線を導く「ガイド」を使うことです。

ガイドを使うと、無駄なく、スムーズに目を動かしやすくなります。私たちの目は、古代から「動き」を追うようにできているからです。

まずは、人指し指を本の上に置いて本のページを指でただなぞっていきましょう。

開いた本に指をあてて、ただスピーディーに動かす。

本のページの行の半分ぐらいに、人指し指を置いて、すべらせ、ページをめくっていきます。これだけでも、断片的に情報が入ってきます。

縦書き本なら、左手の人指し指で、見開き右ページから左ページへと指を動かし、めくっていきます。

横書き本なら、右手の人指し指で、S字を描くように見開き左ページの上から下、右ページの上へと上がって、右ページ下へと動かして、ページをめくっていきます。

この方法をするときに大事なのは、この速いスピードでどういうキーワードが自分の中に引っかかってくるかということです。

引っかかったキーワードを頭の中で結びつけながら読んでいきます。

この指を使った読書を「指速読」や「エクストリームリーディング」と呼びます。

この手法に慣れると、毎秒1ページほどのスピードで本を読むことができます。

一般のビジネス書や実用書などは、200ページから250ページほどのものが多いので、200秒から250秒、**5分もあれば一冊読むことができます。**

次ページの図のように、この指速読には、情報を得たいスピードや気持ちに合わせて、人指し指の動かし方が3つあります。

①指速読──新幹線スピード

先ほどお話ししたように**高速に、毎秒1ページほどでページを横切っていくものです。**図の①です。新幹線に乗っているような感覚で、残像をつかんでいきます。このとき大事なのは、目的と目標です。

「なんのために読むのか」「自分のなんの役に立つのか」を頭に残して、そこに引っかかってくるものを追っていきます。

②指速読──普通列車スピード

新幹線の速いスピードより、少しスピードを落として読みたいと思ったら普通列車

3種類の「指速読」

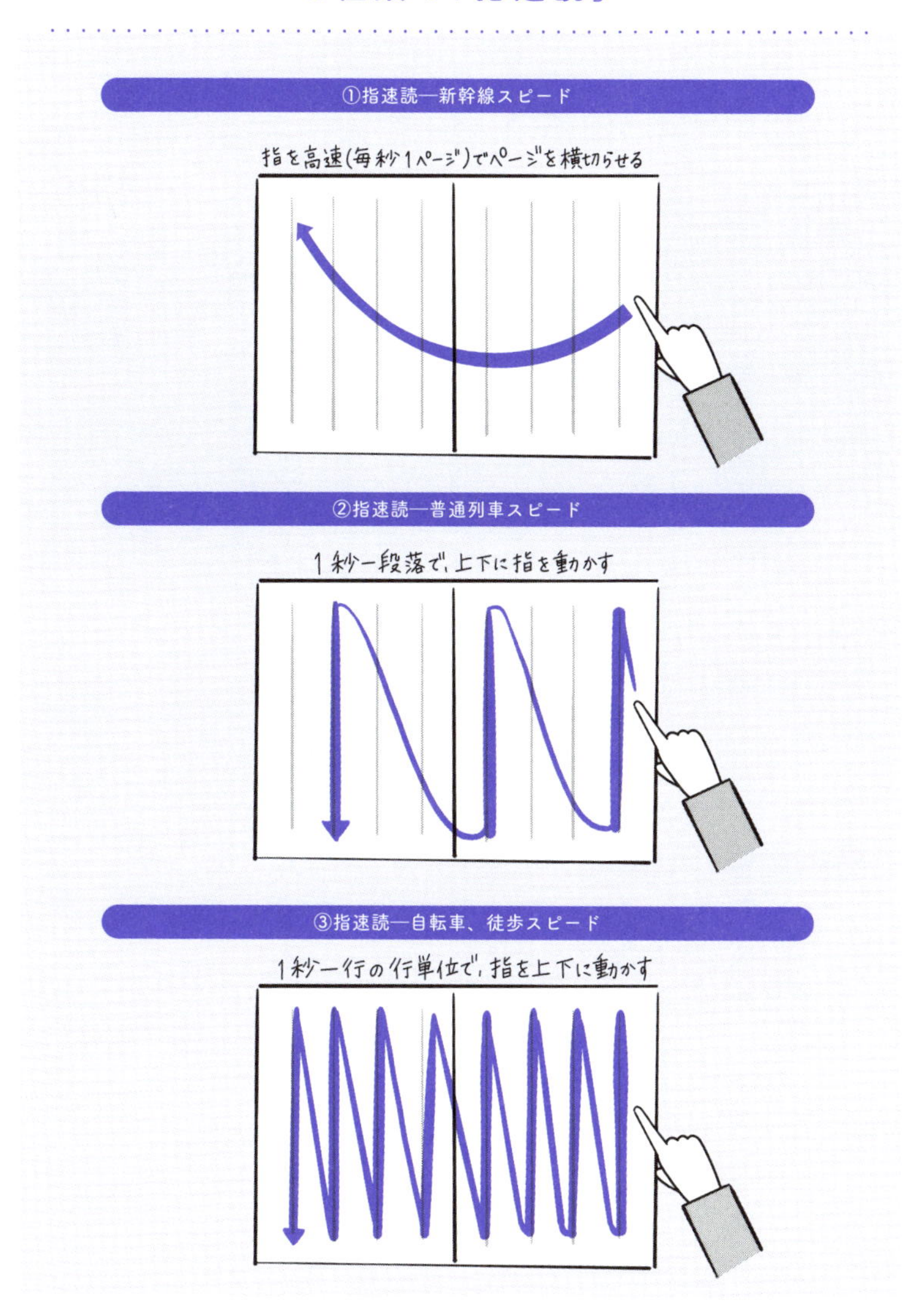
①指速読―新幹線スピード
指を高速(毎秒1ページ)でページを横切らせる
②指速読―普通列車スピード
1秒一段落で、上下に指を動かす
③指速読―自転車、徒歩スピード
1秒一行の行単位で、指を上下に動かす

に乗り換えます。図の②。普通列車のスピードは、**1秒一段落の段落単位で、上下に指を動かしていきます。**

③指速読——自転車、徒歩スピード

もっとじっくり、ゆっくり読みたいという場合には、気になる駅で降りて歩いたり、自転車に乗ったりして探索することもできます。

図の③です。自転車、徒歩スピードは、**1秒一行の行単位で、上下に指を動かしていきます。**目的に合った自分自身に役立つ内容が見つかったら、ゆっくりと読んでいきます。

おすすめは、一度先に新幹線スピードで、できるだけ速く最初のページから最終ページまでめくってしまうこと。

だいたい5分程度で終わるので、**さらに5分をかけて、興味を引かれた内容が書かれた箇所で下車し（新幹線スピードをやめ）、ゆっくりと読んでいくのがおすすめ。**

もちろん、これらの指速読は慣れるまで、それなりの訓練が必要になってきます。

また、キーワードをつなげた内容を、あとで論理的かつ理性的に検証することも大事です。

ただ、慣れてしまえば、毎秒1ページのスピードで読めてしまいます。**一冊のビジネス書や実用書を、ものの数分から10分少々で読めてしまいます。**

いかがでしたか？　この方法で没入感を得られた人も多いかもしれません。

もちろん、まだ没入できなくても大丈夫です。

次に、そもそも没入とはどういうものかについてもお話ししておきましょう。

没入とはフロー状態になること

没入とは、辞書によるとこのように書かれています。

「入ること、陥ること、没頭すること」

「何かに没頭していること、何かの世界に入り込んでいること」

この没入という感覚は、スポーツをされている方はご存じの「ゾーン」や「フロー」に入る感覚と近いでしょう。

没入状態になるためには、この「フロー」を探っていく必要があります。

フローという概念を生み出したのは、アメリカのクレアモント大学院大学の特別名誉教授ミハイ・チクセントミハイ。

チクセントミハイは、**「最高の楽しみの瞬間」「外部の力で運ばれていく感覚や努力せずに流されていくような感覚」「複雑なことでも思ったことが思ったように進んでいく状態」**をフローと名付けました。

こののめり込んでしまう状態であるフローをより実感するには、**「よい本を読むこと、読書中に我を忘れるほど登場人物になりきり、物語に没頭すること」**と述べています。まさに没入読書といえますね。

フロー状態を感じているときには、7つのことが起こっています。

その7つとはこちらです。

1・目標が明確：何を目標としているかが明確で、その道をたどる過程での経験を楽しんでいる状態。

2・即時フィードバック：自分がしていることに対して、どれくらいやれているかというフィードバックを得られている状態。

3・「チャレンジ」と「スキル」のバランス：自分の能力に対してある程度のレベルの複雑さにチャレンジしている状態。

4・集中の深化：没頭して、集中の度合がある基準を超えたために、突然その世界の中に深くのめり込んでいる状態。

5・現在に集中：楽しく、ワクワクしていて、いまこの瞬間に集中している状態。

6・自己コントロール感：こうしようと思ったことが思ったままできる、自己やその場をコントロールしているような感覚がある状態。

7・時間感覚が変化：実際の時計の時間よりも、妙に長く感じたり、反対に短く感じたりする状態。

この7つが生じていると、自分自身を忘れているような没我の状態になります。本を読んでいて、この状態になるのが「没入読書」です。

働く前の、あの本にのめり込んでいた感覚を取り戻してくれます。もちろん、いままでそのような本にのめり込む経験がなくとも、大丈夫。本を読むことが楽しいと思えるようになる読書法なのです。

没入読書によって得られる7つのメリットとは？

没入読書で得られること

1

集中力・フロー状態

没入読書は、集中力やフローと呼ばれる意識状態を身につけることができます。

集中力やフロー状態を身につけることは、これからの時代を生き抜くために必須のもの。

2020年代からAIに関するイノベーションが急速に進み、ChatGPTやGemini、Claude（クロード）といった生成AIが誕生し、私たちの生活の流れも変わってきています。これからの10年でこれまでの100年分ともいわれる技術変化に対応していくのは本当に難しいことです。

そうした中、ピーター・ディアマンディスは『2030年　すべてが「加速」する世界に備えよ』で、技術変化に対応する唯一の方法が、**「常に、そして継続的に学びつづける」**ことだと結論づけています。

そして、学びには心理的なものと、物理的なものの2つの核となる要素があり、**心理面ではフロー状態に入る方法を身につける重要性**について述べています。

フロー状態では、脳の基本的な情報処理能力がすべて強化されるので、思考のスピードを高め、スケールを広げられるといいます。そして、**想像力や生産性、学習能力、協業の能力を強化することで、パフォーマンスを大幅に高め、変化に対応できる**

としています。

ちなみに、もうひとつの物理的な要素とは、物理的に存在するテクノロジーに関する学びとしています。ChatGPTなどのテクノロジー分野の先端がどうなっていくのかを学ぶことが重要なのです。

平たくいえば、精神的なものは「集中力」、技術的なものは「スキル」と言い換えることができるでしょう。

没入読書で得られること 2

疑似体験・エンタメ

本は、「まだ見ぬ世界を体験できる」というエンタメを提供してくれます。特に没入読書では、深くその本の世界に入っていくことができます。

「人間とサルとの違い、それは、**人間は書物を通じて、人の一生を数時間で疑似体験できる。**だから、本を読め。生涯、勉強しつづけろ」

これは、ＧＭＯインターネットグループ代表の熊谷正寿氏の父親の教えです。

本は、何百年という時間を超えて、その当時の情報を伝えてくれます。

本は、そこに描かれているところに身を置けば、その当時を疑似体験できます。


中でも小説では、**まだ見ぬ世界に入っていくという感覚を味わえます。**

村上春樹氏の本であれば、「井戸の底」という世界にどんどん入っていく感覚があります。井戸の底とは、村上氏の言葉を借りれば、好奇心そのもの。ドアがそこにあって、開くと別の世界へ足を踏み入れられるもの。

『ノルウェイの森』『ねじまき鳥クロニクル』『海辺のカフカ』『1Q84』『街とその不確かな壁』。私は、彼の小説を読んでいるとどんどんその世界に降りていく感じがあります。その暗い暗い世界の中で、気味の悪いキャラクターに出会います。それによって、**自分という存在を再認識させられます。**

阿部智里氏の『烏に単は似合わない』に始まる「八咫烏シリーズ」を読めば、平安時代のような世界を体感できます。

辻村深月氏の『かがみの孤城』は、**自分自身の嫌な感情、あまり人に見せたくないような感情を癒してくれます。**

歴史小説を読めば、その登場人物に自分を重ね、戦場を駆け抜け、外交や政治を疑似体験します。**意思決定の仕方、人の見極め方、採用・育成の仕方……そのノウハウが歴史小説の中にあります。**

経営者の多くが歴史小説を好み、特に戦国・安土桃山時代の織田信長、豊臣秀吉、徳川家康、また『三国志演義』や『水滸伝』などの人気が高いです。**経営者は、自分を登場人物に重ねて難局を疑似体験し、いま起こっている経営状況を判断しているの**です。

本というのは文字情報だけですが、**その情報を読むことによって起こる想像・連想を通じて、だんだんとその世界に入り込んでいけます。**

その世界がイメージで現れてきます。このイメージはビジュアルイメージというケースもあるし、匂いや香りといったものだったりするかもしれません。何か音が聞こえてくるような感覚がするかもしれません。

これが、先ほどお話ししたゾーンやフローといわれているような感覚、研ぎ澄まされている感覚に通じているのです。

没入読書で得られること

3 頭がよくなる

本を読むことで、頭がよくなります。

ここでいう頭のよさとは「認知力」のこと。記憶力や思考力、計算力、言語力といった学力のことです。**この認知力は、ただ文字を読むだけでも高まります。**

読書のプロセスは、文字を目から画像として取得して、その画像を文字列に認識する。そして、文字列を意味に変換して、意味をイメージとして理解するものです。

このプロセスは、生まれてすぐに獲得しているという能力ではなく、生まれた後に段階的にトレーニングを積んで獲得するものです。

文字が速く読めるかは、このトレーニングの量、結局のところ経験則なわけです。量が多ければ多いほど優位になります。また、ますます重要性が高まる生成ＡＩが作り出す情報も、多くがテキストのものです。そのため生成されたものを速く処理する力が大事になります。

さらに本は、自分と似たような考え、逆にまったく違う考えを学べます。**いろいろな人の考えを知り共通項を探ったり、差異点を見つけたりすることは、頭のよさである認知力のアップにつながっていきます。**

現在、行動遺伝学の世界では、遺伝要因が9割優位とされます。

しかし、**本が好きになるかは、遺伝ではなくて環境要因にあるといいます。**

たとえば、親に絵本を読んでもらって、本が好きになったという人も多いでしょう。また、親がよく本を読んでいるので、自分でもその行動を真似(まね)て本を読んでいたという経験をもつ人も多いはず。

実際、オーストラリアのある研究では、親が読書を楽しんでいると、子どもも20%増の割合で、読書を楽しんでいるといいます。

頭のよさである認知力も、訓練を行えばある程度高められます。

その訓練のひとつが、本を読むことです。

さらに、**没入読書は通常の読書と比べ、本を読む量が圧倒的に増えます。**そのため、認知力をアップさせるのにより適切といえるでしょう。

没入読書で得られること 4

心の整理ができ、ストレスが軽減できる

本を読むと、心の整理ができ、ストレス軽減ができます。

アメリカのミネソタ大学やイェール大学の研究では、**本を読むことでストレス軽減**になり、本を読んでいない人に対してストレス耐性が68%も高く、約2年長生きをしたという事例もあります。

没入読書を実践した人からは、**「没入することで気分がスッキリした」「読み終わった後の多幸感がすごい」**とのご意見をよくいただきます。

理由としては、先に挙げた一般的な読書のストレス軽減効果に加え、実践中のより深い呼吸にもあるでしょうし、没入することでその世界に入ってリラックスするからともいえます。

さらに、**本と共鳴し、その本から得た言葉で癒される**ことも挙げられます。

いままでの読書の常識では、「著者の意見を理解しないといけない」「著者は偉いものなので著者は自分より上の存在だ」と思い込んでいる節があります。

けれども、**没入読書の前提は「著者と読者は対等」**です。

そして、本に共鳴し没入していくと、まるで長年の友人のようにアドバイスをしてくれる感覚になります。

著者が「最近、どんなことに困っている？　私だったらこう考えるけど、アドバイスになるかな」というような、**本に書かれている以上のカスタマイズされた答えを、語りかけてくる**のが、没入読書の特徴なのです。

まるでカウンセラーと話しているようになり、セラピーにつながります。

没入読書で得られること 5……コミュニケーション能力が向上する

没入読書を実践することで、人の気持ちがわかるようになってきます。

「人の気持ちが全然わからなかったのに、わかるようになってきて、人間関係がすごくよくなってきた」という声を多くいただきます。

アメリカのスタンフォード大学の准教授ジャミール・ザキは、物語が書かれた本を読むことで、他者に対して思いやりをもつことや共感、共鳴をすることができるようになり、**本を読む前よりも、コミュニケーション・スキルがアップしている**といいます。

また、アメリカのオハイオ州立大学の心理学者フィリップ・J・マゾッコらの研究によると、LGBTや移民が主人公となる物語を読ませると、**LGBTや移民のコミュニティに対する偏見が改善された**といいます。

さらにこのような研究もあります。アメリカのワシントン・アンド・リー大学の認知行動科学教授のダン・ジョンソンによる実験です。

人種差別主義者から攻撃を受けそうになったアラブ系アメリカ人女性に関するフィクションのストーリーを用意しました。

全体の半分のグループAには、「完全なストーリー」を読ませます。

残りの半分のグループBには、「要約版」を読ませます。

要約版は、内容のニュアンスや雰囲気は一緒のものの、感情を揺さぶるシーンや会話などが一切含まれていません。

結果、完全なストーリーを読んだグループAの方が、要約版を読んだグループBよりも、イスラム教徒に対して思いやりをもっていました。**偏見の意識も読む前よりも低くなっていました。**

完全なストーリーの方が、**感情を動かされたことで没入できた**と考えられます。

私自身、高校生までずっとひとりよがりの考え方でした。

しかし、大学受験で浪人し、ちょっとした人生の挫折を味わいました。そこで人生を振り返った中で、「生きづらかった」ということに気づきました。

心からの友だちといえる人がいなかったのです。

人に相談することも苦手でした。

そこで頼ったのが本でした。

本を読むと不思議です。

わからなかった人の気持ちが、なんとなく伝わってくるようになりました。

自分のその感覚を確かめようと、「それってこうですか?」と聞いていきました。すると、不思議と私の周りに人が集まる場所ができ、さらにいろいろな人の考えを知ることができる機会が増えていったのです。

苦手だった人間関係も、徐々に改善されていったのでした。

没入読書で得られること 6……生産性が向上し、仕事力と収入が上がる

本を読むことで、生産力が高まり、仕事力や収入が上がります。

いつの時代も、本を通じて「生き方」を学び、仕事に活かす習慣がありました。

江戸時代であれば、『葉隠』や『経典余師』が読まれました。

昭和には、カッパ・ブックス(光文社の新書レーベル)のような一般向け教養書がありました。

平成以降は、いわゆるビジネス書や専門書がベストセラーになっていきました。

特にビジネス書は、再現性があるスキルやノウハウを学ぶことができます。その再現性があるものを通じて、収入をアップさせることができます。

実際に、年収が高い人ほど、読書をしているという調査結果があります。

2021年、株式会社マイナビが「読書量が多いと年収は高い」説を実証しました。**月平均3冊以上の本を読むのは、年収1500万円以上で30・8%と、年収が高い人ほど読書をしている**という結果を発表しています。

実際、私が主催するオンラインサロンのメンバーには、年収が何倍にもなった人が大勢います。

ブログコンサルタント、資産ブログマーケッターの北村志麻さんは、3章でご紹介する究極の没入読書法であるレゾナンスリーディングを学びました。

そこで、『「週4時間」だけ働く。』や『1万円起業』『スーツケース起業家』などの起業系の本を読みまくったそうです。

次第に、会社員としてのマインドだったのが独立マインドに切り替わりました。すると、1年で独立することになり、**年収が2割増しに。さらに、3年で倍増、5年で5倍まで伸びたそうです。**現在は、全国を旅しながらリモートワークで会社経営をしているそうです。

このような話は多く寄せられています。

没入読書で得られること 7……アイデアが湧き、言語化ができるようになる

没入読書をしていると、自然と本と「共鳴関係」になります。

これが通常の読書と大きく違う点です。

共鳴とは、辞書で調べてみるとこう出てきます。

「振動数の等しい発音体を並べて、一方を鳴らすと、他の一方も音を発する現象」

「他の人の考え方や行動に自分も心から同感すること」

では、本とあなたが共鳴状態になるとどうなるでしょう。

著者のアイデアや物語の内容が、あなたの考えていることや悩んでいることと響き合います。

その結果、新たなアイデアを生み出すことができたり、モヤモヤして言葉にならなかったことが言語化できたりするようになります。

さらに、これまでご紹介した「没入読書で得られること5　コミュニケーション能力が向上する」や「没入読書で得られること6　生産性が向上し、仕事力と収入が上がる」につながってくるのです。

私が主催するオンラインサロンメンバーの実例をご紹介しましょう。

出版社勤務の山川祐樹さんは、「まるでこれまで読んだ本の著者たちと一緒に考えているかのように、**アイデアや企画も多様なものが出せるようになりました**」と言います。

また、外資系企業勤務の浅見ゆきこさんは、「日本人にはなかなか難しいアメリカの監査基準の**ルールの意図をくみ取れて、さらに自然に行動に移すことができて**、上司に驚かれました」と言います。

このように、アイデアの創出や物事の理解の助けになるのです。

いかがでしょうか？　ここまで没入読書で得られること7つをお伝えしてきました。2章からは、いよいよ具体的な没入読書の方法をお伝えしていきます。

2章 没入して読むための7つの方法

フローの7つの状態に入って読書をしよう

没入読書の魅力が、1章でおわかりいただけたでしょうか。

2章からは、没入するための具体的な方法についてお話ししていきます。

そのためには、1章でもご紹介した没入で大事な「フロー」についておさらいしましょう。

現代は、集中しづらい環境にあり、そこでフローが集中を取り戻すヒントになることをお伝えしました。

フローの生みの親であるミハイ・チクセントミハイは、フローとは「最高の楽しみの瞬間」「外部の力で運ばれていく感覚や、努力せずに流されていくような感覚」「複雑なことでも思ったことが思ったように進んでいく状態」と述べています。

このフロー状態を経験するのにより適しているのが、**「よい本を読むこと、読書中**

に我を忘れるほど登場人物になりきり、物語に没頭すること」でした。

フロー状態を感じているときには、以下の7つのことが起こっていて、自我がなくなります。

1・目標が明確
2・即時フィードバック
3・「チャレンジ」と「スキル」のバランス
4・集中の深化
5・現在に集中
6・自己コントロール感
7・時間感覚が変化

そして、ChatGPTをはじめ生成ＡＩ時代において、**このフローに入るスキルがいま社会的にも必要**なことをお話ししました。

2章ではこのフロー状態を感じる7つのことをヒントに、没入して読んでいくコツをお伝えしていきます。

これから7つの没入読書方法を紹介していきます。
全部やらなくてはならないわけではありません。
あなたに合ったものを見つけて、ひとつでもいいので始めていってください。

没入読書

1 集中力の第一歩は「目標設定」にある

目標が明確であると、集中状態を生み出しやすくなります。
しかし、本を読む目標を明確にするというのは意外に難しいもの。
まず、混乱しがちなのが「目的」と「目標」という言葉。
英語にすると、パーパス（目的）、ゴール（目標）です。

辞書で調べてみると、次のように記されています。

目的とは、「実現しようと目指す事柄。行動の狙い。目当て」「方向づけるもの」。

目標とは、「そこに行き着くように、またそこから外れないように目印とするもの」「行動を進めるにあたって、実現・達成を目指す水準」。


つまり、目的は、目標よりも抽象度が高く長期的です。**最終的な到達点です。**

目標は、目的よりも具体的で短期的です。**ゴールまでの道のりになる指標です。**


では、この2つの違いを、本を読むときで考えてみましょう。

本のジャンル別に分けた例として、目的、目標には次の違いがあります。

コミュニケーションの本

目的「人間関係をよくしたい」
目標「1か月で話し方を改善して、苦手な上司とも楽しく会話する」

リーダーシップの本

目的「リーダーシップ力を上げて、昇進したい」
目標「チームの士気を上げて、前年比20%増しの売上を作る」

セールスの本

目的「売上をアップさせたい」
目標「一週間で成約（クロージング）トークを作成、前年比20%アップさせる」

マーケティングの本

目的「サービスをより多くの人に認知させたい」
目標「90日以内にSNSフォロワー数を1万人増やす具体的な方法を知る」

このように、目的は抽象度が高く、目標は具体的なものです。

没入するためには、先に本を読む目的を考えて、その目的をより具体的な目標に落とし込むのが大切です。

ポイントは、目的を「自分事化」すること。すると、具体的な目標になります。さらに、**自分事化することで、没入することができるのです。**

目的・目標を具体化する方法として、SMARTの法則があります。

経営コンサルタントで著名なケン・ブランチャードは、このSMARTをこのようにまとめています。

S：具体的（数字が入っているのか、期限はあるのか）
M：モチベーティング（自分事化できているか、主語があるのか、ワクワクするか）
A：達成可能性（手の少し届かない範囲か、もしくは10倍目標《74ページで解説》になっているか）
R：関連性（この目的・目標を達成すると他のものも芋づる式に実現できるのか）
T：追跡（この目的・目標をあとで追いかけられる計画はあるか）

このように自分事化することで、集中しやすい状態に変わっていきます。この法則をもとに次のような問いを考えてみましょう。

「この本を読むことによって、**最終的にどんな行動をしたいのか**」
「その本は自分の**何を達成するために、どのくらい必要なのか**」
「**どのくらいくわしい情報、要件が手に入ったら、**目的は達成されるのか」
「その目的を達成するために、**どのくらいの時間をかけてもいいのか**」
「その目的を達成する際に、**見落としがちな盲点や誤って認識しやすい内容とは**」

このような問いに、読む前に自答してみましょう。
すると、さらに集中力が増していきます。

②「即時フィードバック」が集中状態を生み出す

本を読んだ後のフィードバックが、集中状態を生み出しやすくします。

ちなみに、フィードバックは集中力だけでなく、さまざまな能力を伸ばすのに役立ちます。

アスリートとして一流になるために、近年確立されてきた方法があります。日本でもベストセラーになったアンジェラ・ダックワース著の『GRIT』のもとにもなっている、アメリカの心理学者のアンダース・エリクソンの研究です。

エリクソンは、『超一流になるのは才能か努力か?』の中で、「3つのF」が一流を生み出すといいます。

その3つのFとは、「フォーカス」「フィードバック」「フィックス」です。

目的・対象をはっきりとさせてフォーカス（焦点をあてる）し、実行。その後、即時フィードバック（反映）を得る。その内容をもとにフィックス（修正）していく、ということです。

成長を促す訓練は、目的がはっきりとしていて、すでに実証済みのトレーニングがあり、即時フィードバックが得られる環境下にあると述べています。

特にこの即時フィードバックこそ、人間に多大な成長をもたらすポイントです。

この即時フィードバックは、読書で生み出す方法があります。思い出し練習の「ゼロ再生法」や、読書マップ（レゾナンスマップ）をもとに行う「アウトプット」「読書会でのシェア」などが有効です。

①ゼロ再生法

本を読んだ後に、真っ白の紙を用意して、どれだけ覚えているか書き出してみる。書き出したものを見ながらその内容が合っているのか、本文を確認しながらフィードバックを得ていく。

②読書マップをもとにアウトプット

本を読みながら、メモをとる。本文にマーカーでラインを引く。その読書マップをもとに誰かに話してみる。相手がいなかったら、音声入力で内容を1分ほどで話して、生成ＡＩで校正・校閲を頼み、その内容をＳＮＳでアップしてみる。アップされた内容にどのようなコメントや反応があるのか確認してみる。

③読書会に参加して、フィードバックを受ける

読書会に参加してみる。参加者同士で、その場で読んだ本をシェアしてみる（読書会は、私も立ち上げに参画したリードフォーアクションなどがあります）。

面倒だけど没入を生むのに効果的！　読書メモ

「ゼロ再生法」「読書マップをもとにアウトプット」でもお伝えしましたが、フィードバックの一環として読書に紙とペンを使うのは、効果的な集中方法です。

この後、【没入読書6】自己コントロール感を生み出す「読書ノート」でも解説しますが、**ノートとペンを用意して本を読むのはおすすめ。**

もちろん、「用意するのが面倒くさい」という人もいると思います。

ただ、**これは集中力以外に、理解力のアップにもつながります。**

全米科学・工学・医学アカデミーが編纂（へんさん）した『人はいかに学ぶのか』でも述べられています。

この研究では、本を読んだときに「再読」をした方が効果的なのか、それとも、再読の時間分を「要約作成」や「図の作成」の時間にあてた方が有益であるか調査しています。

「再読をしたグループ」と、その時間に「要約作成したグループ」「図の作成をしたグループ」、どのグループが学習効果を上げたでしょうか。

意外なことに、**1位「図の作成をしたグループ」2位「要約作成したグループ」3位「再読をしたグループ」**だったのです。

さらに、他の研究では、「コンピューター入力」――タイピング入力やデバイスを使った入力をしたグループと、「手書き」でノートをとったグループ、どちらの学習効果が高かったかを調べたものもあります。

その研究では、「手書きグループ」の学習効果がもっとも高かったのです。

たしかに、ノートや紙、ペンを用意するのは少々面倒くさいですね。

しかし、その本の内容を覚えたい、学習効果を上げたいという場合には、ノートに書いたり、図にしたりする方法というのは効果的なわけです。

手書きは、脳の神経を多く使います。

タイピング入力よりも、手で書いた方が脳内のより多くの神経を使うことになり、脳内の血流がよくなります。**脳内の血流も増えるので、結果、集中力もアップして、学習に効果的になる**わけです。

没入読書

③「チャレンジ」と「スキル」のバランスで集中が途切れない

人は、目標が低すぎたり、やさしすぎたりすると、退屈になり、集中は切れてしまいます。反対に、目標が高すぎてしまうと、どうやっても自分の能力ではできないと感じ、不安が生じます。

目標が低すぎず、かといって高すぎず、**チャレンジしがいがあると思うと没頭する傾向にあるのです。**

先ほどのエリクソンの研究では、フィードバックだけでなく、目的・目標の対象となるレベルにも注目をしていました。

エリクソンは「目的のあるトレーニング」には、集中して、コンフォートゾーン（心地よい状態）から抜け出す必要があるとしています。

それでは、どのようにすれば、本を読むときに、コンフォートゾーンから抜け出すことができるのでしょうか？

1 時間制限でコンフォートゾーンから抜け出す

ひとつは、**時間制限を設け、徐々にその時間制限を短くしていくこと**です。

はじめは、「10分29秒」から始めていきます。

これは、1章でお話ししたように、ひとつの仕事領域に集中できる「10分29秒」という平均持続時間です。

まず、あなたは「10分29秒」という時間で、何行の文章が読めるでしょうか？

読書がそれなりに得意な人は、200ページから250ページの本を、2時間から2時間半で読むとされています。

100ページ1時間。10分に直すと16ページから17ページほど。

仮に、10分29秒で17ページとしましょう。

この時間を短くしていきます。

「10分29秒」で読んでいた17ページを「10分」で読んでみる。次は、9分、8分、7分、6分、5分……と短くしていくのです。

それだけで、コンフォートゾーンから抜け出すための難易度が上がっていきます。

どんどん時間を短くしていくと、思い出す内容の質に影響します。**いったん、「どのくらいのペースだと、どのくらいまで思い出せるのか」テストしていきます。**

たとえば、「17ページだと、だいたい6分ぐらいで読むのがちょうどよく思い出せるな」とわかったとします。

ある程度、短くできることに慣れてきたら、今度は時間を「10分29秒」に固定して、どのくらい先まで読めるのかテストしていきます。

はじめは17ページだったのが、30ページ読めるかもしれません。その次は、40ページ、50ページと、どんどん読める量が増えるかもしれません。

没入読書のスキルが上がったり、1章で紹介した「指速読」を活用したりすれば、毎秒1ページで読むことができます。250ページの本ならば、250秒、4分10秒あれば、読んだ状態にすることができます。

もちろん、これもある程度経験を積めば、誰でも行うことができます。

2 …… 10倍目標でコンフォートゾーンから抜け出す

この「目的のあるトレーニング」のコンフォートゾーンから抜け出す2つ目の方法は、**本を読む「目的・目標の設定」自体を調整することです。**

先ほど、SMARTの法則についてお話ししました。

その中の「達成可能性」がポイントになります。

まずは、少し手を伸ばしても届かない程度の目標であること。いきなりとてつもない目標を設定すると、失敗や挫折がよぎり、心が折れてしまいがち。

現能力に対して、10%〜20%増しの設定にするのが望ましいでしょう。

先ほどの、10分で17ページであれば、9分で17ページ、あるいは、10分で20ページぐらいの目標を設定するのがよいでしょう。

次に、自分の能力の10倍目標の設定をしてみること。

「テンエックス（10X：10倍）思考」というものです。これは、Googleが急成長をとげた秘訣（ひけつ）です。もともとは、インテルのアンドリュー・グローブから学んだGoogle創業期の投資家であり現取締役のジョン・ドーアが導入したもの。10倍目標は、Googleが実際に社員に求めている考え方です。

まず、目標を数値化します。その数値に「0」をひとつ加えた成果、つまり10倍の成果を目指すこと。**この目標は、いままでの自分の能力では到底実現できないことになるため、新たな発想をする必要があるのです。**

いままで読んでいた方法が10分で17ページだった場合、どう考えても、いままでのやり方では、10分で200ページの本を読み終わることはできないわけです。10分で、せいぜい3倍の51ページぐらいが限界になってきます。

しかし、本を読むときに目だけで追いかけていたものに、〝指〟というガイドをつけて走らせてみるとどうでしょうか？

これはフルマラソンの距離を、自力で走るのではなく、自転車で走るのと似ています。フルマラソンの世界記録は、2時間0分35秒で時速は約20キロです。

これを自力で走るには、トップアスリートになるためのトレーニングと才能が必要ですが、自転車ではどうでしょうか？　さらに、ロードバイクや、シティバイク、電動自転車であれば、少しがんばるだけで時速20キロという速度は誰でも出すことができます。

1章で紹介した指というガイドをつけて行う「指速読」は、速読を訓練してできるようになった人と同様、スピードを出して本を読むことができます。

誰でも、多少のトレーニングをすれば一冊10分で読むことも可能になるのです。

3……難易度の高い本でコンフォートゾーンから抜け出す

本を選ぶ際の難易度を少し高めることでも、コンフォートゾーンから抜け出すことができます。

以前は、会社の上司や社長からおすすめの本を教えてもらえる環境にありました。しかし最近では、会社でも本を読んでいる人は少なくなりました。

最近は多くの人が本を読むきっかけとして、SNSやYouTubeで紹介されていたというのを挙げることがあるようです。

この現状では、なかなか自分のレベルよりも少し難易度の高いものを選ぶのは難しいかもしれません。

そこでおすすめなのが、書店で手に取ってみること。

そして、**手に取ったら、「パラパラパカッ」と開いてみて、見開きページで文章を読んでみましょう。**

その文章を読んでみたときに、専門用語が多すぎて内容がわからない、読んでも意味がわからないというのであれば、図やイラストがあるような同ジャンルの本も手に取ってみることがおすすめです。

最近は「わかりやすい」本が売れる傾向にあります。

そのため、かえって「わかりやすい」ことで専門知識が得づらくなってしまうケースもあります。

また、**難易度が低すぎては、チャレンジ感がなくなって退屈してしまいます。**

それでは没入できません。

難しいけど、チャレンジしがいがある本も、手に取って開いてみると案外読める部分も多いので、一度は手に取って開いてみましょう。

没入読書

4 「集中の深化」を助けるアンカー読み

現代社会において、集中力を保ったまま読書するというのは難しい――これまで繰り返しお伝えしてきました。

スマホの電源を切ること、通知をオフにすることも有効ではあります。それでも集中するのはなかなか難しいでしょう。

そういうときにおすすめな方法があります。

同じ○○で読むことです。

同じ場所で読む。同じ香りで読む。同じ飲み物で読む。同じ音楽で読む。同じ時間帯で読む。

このような「アンカー（条件付け）を使って読む方法」です。

このアンカーとは、有名な「パブロフの犬の実験」からきています。

パブロフという学者に飼われていた犬は、チリンチリンというベルの音が鳴った後に、餌を出されていました。

そのうちに、犬は餌がまだ出されていないにもかかわらず、チリンチリンとベルの音を聞くだけで、よだれが出てしまうようになりました。

この犬にとって、ベルの音がアンカーになったわけですね。

「同じ場所」で集中アンカーを作る

私たち人間にもこの「アンカー」という手法は使えます。

たとえば、会社や学校までの行き帰りの電車の中で読むというのも有効です。

電車に乗っている間、本を読んでみる。それで集中できるのであれば、電車に乗っているときには、本を読んでみるということを繰り返す。

そのうちに、電車を見るだけで、本を読みたくなってきます。

私も、学生時代や新入社員の時代と、行き帰りの電車の中でよく本を読んでいました。自宅から大学までの通学時間、片道約30分、自宅から会社までの通勤時間、片道約40分を読書にあてていました。

しかし、勤め出してしばらくすると、ベンチャー特有の激務に耐えかね会社の近所へ引越し。電車の乗車時間が5分になった結果、そこで、いったん読書習慣が失われてしまいました。

本を読むのが大好きだったはずが、不思議なことに環境が変わってしまうと本が読めなくなってしまったのです。

このことがあってから、しばらくは、行きつけの紀伊國屋書店新宿本店やブックファースト新宿店で本を買ったときには、近くのカフェに立ち寄るようにしました。

ここでも、習慣化のプロセスは一緒です。

本を買ったら、すぐにスターバックスや、タリーズに立ち寄る。ここで本を読むことに集中できたので、毎回本を読みたいときに、同じカフェに立ち寄って本を読んでみました。

次第に、**スターバックスやタリーズの看板を見るだけでも、本を読みたい気になっ**

てしまいます。繰り返しているうちに、カフェという環境で集中して本が読めるようになりました。

いまでは、電車内での5分という時間でも、アンカーができているので、没入読書で本を最低一冊読み切ることができます。

出張が多くなってきた10年前からは、地方の書店と、地方のお気に入りのホテルや空港のラウンジ、新幹線内にアンカーを作って、どんな環境でも意識せずに、自然に読書をしやすいようにしています。

没入を生み出すアンカーは、主に場所、香り、飲み物、音楽、時間と5つあります。その他もお話ししていきましょう。

「香り」で集中アンカーを作る

香りもアンカー作りに効果的です。

集中できる香りは、フランキンセンスやラベンダー、柑橘系(かんきつけい)など。自分の中で気に入った香りでもいいです。「この香りを嗅ぐと集中できるなあ」というものがあるようでしたら、それを使うのが有効です。

アンカーの作り方は、最初に読書に集中している状態を作ります。**集中してきたなと思ったら、試してみたいアロマオイルを嗅ぎ、その香りで集中状態が続くかどうか確かめてみます。**

集中が続くようであれば、何度か集中した後で、この香りを嗅いでみます。

そのうちに、この香りを嗅ぐたびに本を読みたくなり、読書の集中状態が続くようになります。

私のおすすめの香りは、**フランキンセンスの中でも、ボスウェリア・サクラ種のもの。**これはもともと、フォトリーディング開発者のポール・シーリィ博士に教えてもらいました。

読書以外にも、仕事に集中したり、クリエイティブになったり、インスピレーションを湧かせたいときの瞑想（めいそう）をしたりする際にも使用しています。

「飲み物」で集中アンカーを作る

飲み物でもアンカーはできます。

読書する前に、一口水を飲むというのも有効です。コーヒーやココア、紅茶、緑茶でもいいでしょう。

これは応用ですが、ビジネス書を読む際にはカフェラテ、小説を読む際にはカフェモカ、哲学書を読む際にはエスプレッソを飲む——など、**本のジャンルによって、集中するアンカーの飲み物を変えるのも手です。**


私は集中するために、良質なお米と水で作られた日本酒を飲んで本を読んだり、執筆したりしています。古来、戦国武将が戦前に和歌を日本酒に転写させ、飲んでいたといいます。その習わしのイメージです。

より創造的になりたいときは、花の香酒造の「産土」をおちょこに少しだけ入れます。そして、その液体に言葉を語りかけて、一口飲んでから書きはじめると、執筆が進みます。その他にも、瑞鷹の「崇薫」、日々醸造の「日日」、新政酒造の「陽乃鳥」、廣木酒造本店の「飛露喜」などをアンカーとして飲んでいます。

古神道や密教の秘儀に、水に言葉を語りかけ飲むことがあったそうです。そのイメージで、エネルギーを転写させて体にインストールするのがポイントです。

「音楽」で集中アンカーを作る

音楽をアンカーにするというのもあります。

ちなみに、よくモーツァルトの音楽が集中するときにいい……といわれますが、誰しもモーツァルトの音楽で集中力が上がるというわけではありません。

しかしこれまでお話ししてきたことと同様に、**集中してきたところに、特定の音楽を使って、音楽の集中アンカーを作ることは可能**です。

1960年代以降に、加速学習ブームのきっかけになったのは、ブルガリアの医学博士で教育者でもあるゲオルギ・ロザノフのサジェストロジー研究所の研究です。

22歳から60歳までの15人の男女を集め、フランス語の教科書を読ませました。

読み終わった頃に、**バロックの音楽**を流し、教師がフランス語の単語や慣用句、短い文章を読んでいきました。その後、フランス語の記憶テストを行ったところ**グループの平均正答率は97％でした。**

この研究のカギは、「デコード：全体の情報を入れて、推測させること」、「コンサート：音楽を流しながら、学習していく」、「アクティベイト：活性化、テストすること」の三段階です。特に、「コンサート」がポイントでした。**あえてバッハをはじめとするバロック音楽を用いていました。**

その後、こうした加速学習の流れは、高速学習のシーラ・オストランダーの「スーパーラーニング」や、日本でも子どもの能力開発で有名な「七田チャイルドアカデミー」の七田眞氏に影響を与えたとされています。

私は、Apple MusicやSpotifyの中で、ニューエイジやヒーリングミュージックで検索をかけて、常にいろんな音楽で実験をしています。

よく、ガンダルフやデヴィッド・ヤング、レイ・リンチなどの音楽をアンカーとして使用しています。

さらに、「お気に入り」を集めた後に、プレイリストを作り、まるでフルコースのように流す順番を決めています。

「時間」で集中アンカーを作る

時間でも集中アンカーを作れます。

時間に関しては、習慣術ともつながります。

アメリカの元副大統領アル・ゴアの首席スピーチライターであり、世界的ベストセラー作家のダニエル・ピンクは、『When 完璧なタイミングを科学する』の中で、**私たち人間は、時間帯によってアルコールを摂取しているか摂取していないかくらい、脳の働きに影響を受けている**と述べています。


脳科学の観点からいうと、脳内物質のドーパミンやストレスホルモンのコルチゾールの分泌などから、**朝起きてから6時間以内にその日一番意思力を使う仕事**を行うことがおすすめです。

そのため、**朝起きたらすぐの時間、またランチを食べる前に30分読書をするなどは有効といえます。**

『小さな習慣』のスティーヴン・ガイズによれば、習慣化は、既存の行動に追加するか、時刻を決めて行うか、またはその両方のハイブリッド化がおすすめといいます。

また、その時刻だけでなく、「あるいは」「または」という形で、予備の時間ももっておくのがいいとしています。たとえば、「朝起きたら本を読む・または寝る前に本を読む」「6時になったら本を読む・あるいは21時に本を読む」。

このような設定をもっていると、読書が習慣化しやすいですね。

読書前に「呼吸を整える」だけでも集中できる

それでも、読書に集中できない。

読みはじめたけれど、やっぱり眠くなってしまう。

そういう人に、手っ取り早く、すぐできる手法があります。

それは、**「ゆったりとした呼吸」を1分間続けてみることです。**

1章でもお話しした「5秒間で口から息を吐き、5秒間で鼻から吸う」です。

これを6回繰り返すこと。


脳波状態というのは、基本的に平常時のベータ波の状態から、リラックスしたアルファ波や、まどろみのシータ波があります。

もっとも集中している状態は、アルファ波からシータ波の間だとされています。

ちなみに、さらに集中が進むと、瞑想などのシータ波の状態を超えて、神を感じるというゴット・スポットなるガンマ波といった状態もあります。

呼吸を整えることを1分間続けていくと、心拍が上昇して、視力や集中力を司(つかさど)っている前頭前皮質が活性化してきます。

そのため、呼吸を整えるだけでも、私たちは集中状態に入れます。

この呼吸を整えるというのを、読書をする前の行動の「アンカーリング」としておくのも、有効な方法です。

⑤「魔法使いの帽子集中法」で「いまここ」に集中

本を読むとき、効果的に集中するためには、「いまここ」に集中することです。

この手法として、先ほどの「ゆったりとした1分間の呼吸」は有効です。

さらに、集中したい場合には、「魔法使いの帽子集中法」があります。

古代文明の中で、エジプト文明以外は脳に意味があると考え、知識層は余白スペースのある帽子をかぶっていました。

フィクションの世界ではおなじみの魔法使いの帽子「三角帽子」もそうです。この

魔法使いの帽子集中法

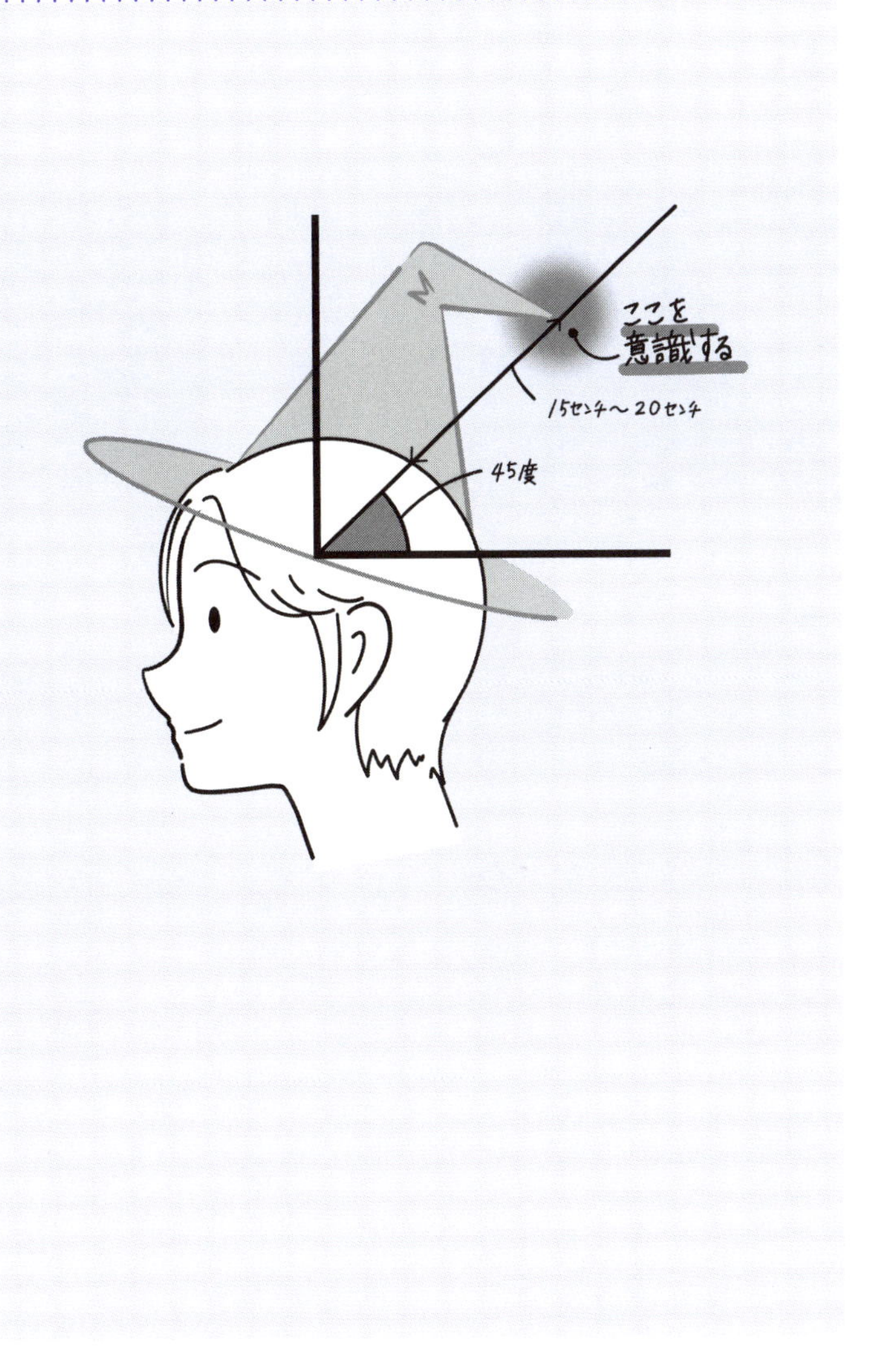

三角帽子は、後ろに垂れて曲がっている箇所がありますよね。その位置はだいたい、後頭部の上、15センチ〜20センチ、頭から45度後ろの部分です。

静かに目を閉じて、三角帽子を心の中でかぶり、この後頭部の上15センチ〜20センチ、45度の位置に意識を置いてみましょう。

そして、ゆったりとした呼吸をしていくのです。

そうすることで、心と体がリラックスして、最適な集中状態を築くことができます。

「いまここ」に集中していると、どんどん、周りの音が静かになっていって、「本を読む」行為だけに集中することができます。

周りの雑音や、心の嫌な動き、不安や恐れが生まれたら、呼吸を整えながらこの「魔法使いの帽子集中法」を行ってみます。

すると、「いまここ」に集中できることでしょう。そして、より速く、スムーズに、本が読めます。読書がよりリラックスしたものに変わっていきます。

そして、どんどん本の世界に没入していき、楽しくなっていきます。

発見やワクワク感で、心が満たされていくことでしょう。

没入読書

⑥ 自己コントロール感を生み出す「読書ノート」

集中度が高まり、没入していくと、だんだん完全な「フロー」状態になっていきます。完全なフロー状態とは、思いついた行動や動きがそのままできる状態です。

サッカーであれば、相手を抜き去り、シュートを打てばゴールになる。

バスケットボールであれば、どこからでもシュートすれば入る。

野球であれば、どんな球でもホームランにすることができる。

テニスであれば、どんなショットでもエースになる。

自分の動きを自在に操り、相手の動きを予測し、その場や環境をコントロールできる状態です。

読書における完全な「フロー状態」とは、小説であれば、**本の世界に没入して、その書かれている情景をありありとイメージできること。**

ビジネス書や実用書、学術書であれば、**自分の欲しい情報が手に入って、そこから新しいアイデアを生み出すことができる。**また、著者の意見を、腑(ふ)に落ちるぐらい理解できる状態です。

まるで、著者が目の前にいて、自分がいま悩んでいることや、欲しい答えを自分用にアレンジして教えてくれる。本と現実世界の事象がリンクして、シンクロニシティが多発してくる、といった状態です。

読書におけるこのフローを生み出すには、「自己コントロール感」が必要です。

この自己コントロール感には、ノートや紙が必要になってきます。

私がこの没入読書を生み出すきっかけになったのは、ある有名な速読法、加速学習法のセミナーに参加した受講生の感想でした。

周りから見ると、そのセミナーに参加したことで速読ができるようになったにもかかわらず、本人は、「本が読めたかどうかわからない」といった感想でした。

なぜ、「本が読めたかどうかわからない」「できた実感がない」のかというと、〝根拠がない〟からです。

またそれは、火事場のバカ力的な、必要に迫られた緊急性の高い状況がこないと発揮しづらいのです。

私もその速読法をマスターしていますが、実際にできるようになったと思えたのは、ある難関試験を一週間だけ勉強して、合格できたという実績があったからです。

実際に、アウトプットをしてみると、その本の内容をスラスラ話せ、フィードバックも得られ、その本の内容が頭に入っていることが確認できます。

つまり、アウトプットしなければ、わからないのです。

だからこそ、読書に連動した「読書ノート」が必要なのです。

本を読みながら、自然な形で読書メモをとっていく。読書メモをとっていくと、自分自身の思考の流れや、著者の意見などが、**キーワードとして残り、フィードバックを受けることができるのです。**

そして、**客観的にその読書メモを見たときに、読めていないとはいえない証拠が残っていきます。**

そのメモを見ると、「こことあそこがつながるな」とか、「このキーワードから別のことをやってみよう」など、新しいアイデアが生まれ、クリエイティビティが高まっていくのです。

没入読書

7 時間感覚にゆらぎを作る

集中しているとあっという間に、時間が過ぎていたり、反対に一瞬の出来事を長く感じたりします。

このような時間感覚のゆらぎの発生は、深い集中に入っている目安です。

古来、この時間感覚のゆらぎを起こすことは、「秘儀」としてとらえられていました。古神道、仏教、キリスト教でも、このゆらぎはある種の秘儀なのです。

このかつては秘儀であったゆらぎを作っていきましょう。

私たちの時間感覚は、主に次の4つがあります。

①時計上の時間（ワールドタイム）
②時間を数える時間
③体内時計（経験的な時間）
④外部が伝える時間（割り当てられた時間）

「①時計上の時間」は、わかりやすいですね。**時計が示している時間や、ストップウォッチやメトロノームで精確に計られているもの**です。

「②時間を数える時間」は、**数字を数えていく時間です。**

「1、2、3、4……」「……4、3、2、1」といったように、自分自身でカウントしているので、時計やストップウォッチと比べ精確性にかけます。

「③体内時計」は、たとえば「お腹がすいてくる時間」や、目覚め、眠気といった脳内物質の影響。また、「なんとなくこれは3分ぐらい」といった**体内の感覚を通した時間把握です。**

「④外部が伝える時間」は、**日の入や日の出といった太陽の高さや動物の鳴き声**、あとは、聞こえてくる音楽の長さなどで時間を把握しています。

こうした主に4つの時間感覚を通して、私たちは時間を把握しています。

そして没入が起こっているときは、この時間感覚にゆらぎが生じたり、歪曲（わいきょく）が起こったりします。

そのゆらぎを感じるためには現状を知る必要があります。

まずは、「時計上の時間」と「体内時計」を確認していきましょう。

時計やストップウォッチを通して、「10分」の感覚を確かめていきます。

その次に、「外部が伝える時間」を10分で終わる音楽などを探してきて、その音楽を通して確認します。**読書する作業音として、10分という時間を把握します。**それは5分の曲を2曲でもいいですし、6分と4分を合わせてでもかまいません。

読書に集中して、没入してくると、あなたの時間感覚にゆらぎが生じてくるかもしれません。

さらに、これらに慣れてきたら、**自分の中で「10分」を数える方法で確認するのもいいでしょう。**

普通に「10分」数えていってもいいですし、「アファメーション」や「チャンク」と呼ばれる「意味のまとまり」を繰り返して、10分を把握してもいいでしょう。

たとえば、「4、3、2、1」「リー、ラックス、リー、ラックス」「私は、集中力を、保って、読書している」「どんどん、本の中の、情報が、私に入ってくる」といった**チャンクを唱えていくと、その唱えるという行為に集中していくので、没入状態を感じやすくなります。**

これは、瞑想でも使われる方法で、心の中でマントラを唱える瞑想や、「ひふみ」と唱えるひふみ瞑想、「すうあおえいう」と唱える瞑想などもあります。

本を読んでいて、集中してきたときに、この長さがどう変化するのか確認してみましょう。短く感じるのか、長く感じるのか、などです。

自分の中の時間感覚に、ゆらぎがどう発生するのか確認していきましょう。

ここまで7つの没入読書の方法をお伝えしました。

最初にお伝えしたように、全部やるというよりも、あなたに合ったものを見つけて、ひとつでも2つでもいいので始めていってください。

次の章からは、**この没入読書方法の1から7が構造的に入っていて、誰でもできる究極の没入読書である「レゾナンスリーディング」**をお伝えしていきます。

3章

究極の没入読書法「レゾナンスリーディング」

究極の没入読書をあなたへ

それでは、没入を生み出す究極の読書法「レゾナンスリーディング」を行っていきましょう。

この手法は、**はじめての方でも20分~40分程度で「本を読んだ状態」にすることができます。**

そもそも「レゾナンス」とは、どのような意味なのでしょうか？

レゾナンスとは、日本語で「共鳴」「共振」という意味。

「共鳴」とは、「振動数の等しい発音体を並べておいて、一方を鳴らすと他の一方も音を発する現象」「他の人の考え方や行動に自分も心から同感すること」です。

また**共鳴とは、スポーツでいう「ゾーン」「フロー」**だと言う人もいます。

レゾナンスリーディングは、本のエネルギーと共鳴することにより、自分自身の「隠れた才能・言葉」を導き出していく究極の没入読書です。

なぜ究極かというと、2章でお話しした**「フローの7つの状態」が、この手法を通すと自動的にできるからです。**

これからお話しする【ステップ0】～【ステップ5】までを通し、本を読む目標を明確化できるため、効果的に**「目標設定」**できます。

レゾナンスマップ（読書マップ）を通し**「即時フィードバック」**が得られ、難しい内容にも自然とチャレンジができるため**「チャレンジ」**と**「スキル」のバランス**がはかれます。

さらに、この手法は時間を区切って読むため、どんどん集中度合が高まり、**「集中の深化」**を得られ**「いまここ」**に集中できます。いまこの読んでいる状態に意識が向いて、レゾナンスマップを通して**「自己コントロール感」**が得られます。

時間感覚が妙に長くなったり、短くなったりと**「時間のゆらぎ」**が自動的に生まれ、〝没我〟の状態が起こっていきます。

このようにレゾナンスリーディングの6つのステップは、「読書の達人」と呼ばれる人が無意識に行っている認知プロセスをシステム化しています。**一枚の紙に読書プロセスを「見える化」することにより、誰でも簡単、短時間で、読書の達人になれる手法です。**

難しいと思われるかもしれませんが大丈夫。さっそく、レゾナンスリーディングにステップ・バイ・ステップで、一緒に取り組んでいきましょう。

ステップ 0 本を手に取り、自分の課題を明確にする

まずは、「ステップ0」です。レゾナンスリーディングの準備段階です。

用意するもの

- 読みたい本
- 白い紙（A4程度またはノート）、もしくは巻末のレゾナンスマップ

・ペン（カラーペン3色以上、12色が望ましい）

レゾナンスマップの準備1

①3本のレーンと三幕を描く

（※巻末折り込みのレゾナンスマップを使うときはこの作業は不要）

白い紙やノートを使う場合は、レゾナンスマップや112ページの図を参考に、左よりの上に「目的」「行動計画プロジェクト」「書籍名」を書き込むための3本のレーン、その下に四角い枠を三等分にした「三幕」を描きます（レーンや枠は本のカバーの色にするとよりよい）。

②用意した本のタイトルを3本のレーンの一番下に書く

③本を手に取り（触り）、読む「目的」を考え、レーンの一番上に書く

この本を読む目的を設定しよう

③の「目的」では、本のカバー（表紙）や著者プロフィールを見て、**その本を読む**

目的を設定しましょう。

本を購入したときの気持ちや、目の前に著者がいるとしたら、「何を聞きたいのか」想像して書き出してみましょう。

目的が思いつかない場合、次のような問いかけをしてみるのがおすすめ。


「この本をどういう理由で購入したのか？」

「もし、著者が目の前にいるとしたら、何を聞きたいだろうか？」

「その本を読むことで、最終的に達成したいこととは何か？」

「いますぐできて、効果的なノウハウとは何か？」

「私の【　　　　】の課題を解決するために、この本から【　　　　　　　　】に関するヒントを3つ得たい」


その他にも、「〜する人」と付け加えるのもおすすめです。

アメリカのウィノナ州立大学教授アマンダ・ブラウワーの研究があります。

その研究で、**健康を増進するための目標に、「〜する（できる）人」という接尾語を**

付け加えると、行動にプラスの影響があることがわかりました。


「その本から、自分のワクワクややりたいことを達成する人になるとしたら?」

「私はこの本を読むことで、【　　　　　】ができる人になります」

「売上目標を達成する人になります」

「コミュニケーション力が高まり、人間関係が良好な人になります」

「毎月5万円株式投資できる人になります」

学習するのに最適な脳を作る呼吸法

この目的を作る際には、呼吸にフォーカスしましょう。これまでお伝えしてきた「ゆったりとした呼吸」です。

集中するための呼吸

①まず背筋を伸ばして姿勢を正す。5秒間で「ホォー」と口から息を吐き、5秒間で「スゥー」と鼻から吸う

②この①を1サイクルとし、5回、6回続ける

呼吸について、アメリカのスタンフォード大学のケリー・マクゴニガルは、**1分間にだいたい4回〜6回呼吸すると、心拍変動が生じ、脳が意思力を発揮し、学習するのに最適な状態になる**と言っています。

読書に入る前には、このゆっくり、ゆったりとした心地よい呼吸をしましょう。

呼吸をする際の姿勢も大切です。ロード競技ニュージーランド元代表のカリッサ・ウィルクスは、オークランド大学にて「姿勢とうつ」の研究をしました。ここから、**うつ病患者の猫背を改善することでうつ病が軽減されて、気分がよくなることがわかっています。**

設定する目的は、よくも悪くも万能です。

一度設定すると、その目的に人はフォーカスされてしまいます。

すると、どうしても盲点が生まれます。盲点が気になる場合には、一度読んだ後で、「本書を読むにあたって、私の読み落としがある部分はどこだろう？」「私の本書

における盲点とは？」「誤って、解釈しているところはどこだろう？」ということを意識して再度読むといいでしょう。

そして、混同しやすいのが、目的と目標との違いです。この違いは2章でお話ししましたが、目的は向かうべき方向性で長期のもの、目標はその目的を達成するための通過点で短期的なものと考えてください。また、2章でお話ししたSMARTの法則も参考にしてください。

読む前に、読後に著者からどんなメッセージがもらえるか想像

レゾナンスマップの準備2

④三幕に3分割したページ番号を書く

「レゾナンスマップの準備1」の①で描いた（もしくは巻末折り込みレゾナンスマップ）三幕の右下に、これから読む本の最終ページ番号を書きます。最終ページ番号は、参考文献や索引なども含めた数字です。

次に、三幕の左下に「0」もしくは、最初のページである「1」を書きます。

最終ページ番号と最初のページ番号の間の線の下に、ページ番号を3分割してその数字（だいたいでOK）を記載していきます。

⑤著者の名前と似顔絵（またはフェイスマーク）を描く

（※巻末折り込みのレゾナンスマップを使うときはこの作業は不要）

三幕の上にある3本のレーンの右隣りに、著者の似顔絵、または丸の中に目を入れたシンプルなスマイルマークを描きます。その似顔絵（またはスマイルマーク）のすぐ下にセリフスペースを作ります。

同じように三幕の下には、著者の似顔絵または、丸の中に目を入れたシンプルなフェイスマークを描きます。このときの表情は悲しげな顔・困った顔を描きます。その横にセリフスペースを作ります。

似顔絵は、時間に余裕があればで大丈夫。巻末に著者の写真が載っている場合もありますし、表紙に大きく載っている場合もあります。簡単でいいので描いてみましょう。

⑥本をパラパラして、開いたページを眺める

その本を読み終えた後に、著者からメッセージをもらうという意識で、呼吸をゆっくりとしながら、本をパラパラさせます。素早く、音が出るぐらいスピーディーに、開いたページをしっかり見ながら行います。パラパラさせていくと、本のエネルギーが体の中に入っていく感じがするかもしれません。

⑦著者が「自分にメッセージを送ってくれるとしたらどんな内容か」を短めに書く

いったん本を閉じます。そして、パッと開きます。**その開いた見開きページで、目に飛び込んできた一文が、著者からのメッセージだとしたらどんな内容でしょうか？** ⑤で描いた右側にある似顔絵のセリフスペースに、一文を書き出し、その一文から思いつくままに著者からのメッセージを書きます。あなたの直感からの想像でOKです。

⑧著者が「なぜこの本を書かないといけなかったのか」の理由を書く

著者がなぜこの本を書かなければいけなかったのか、その理由を書きます。⑤で描

ステップ0
本を手に取り、自分の課題を明確にする（3分～8分）

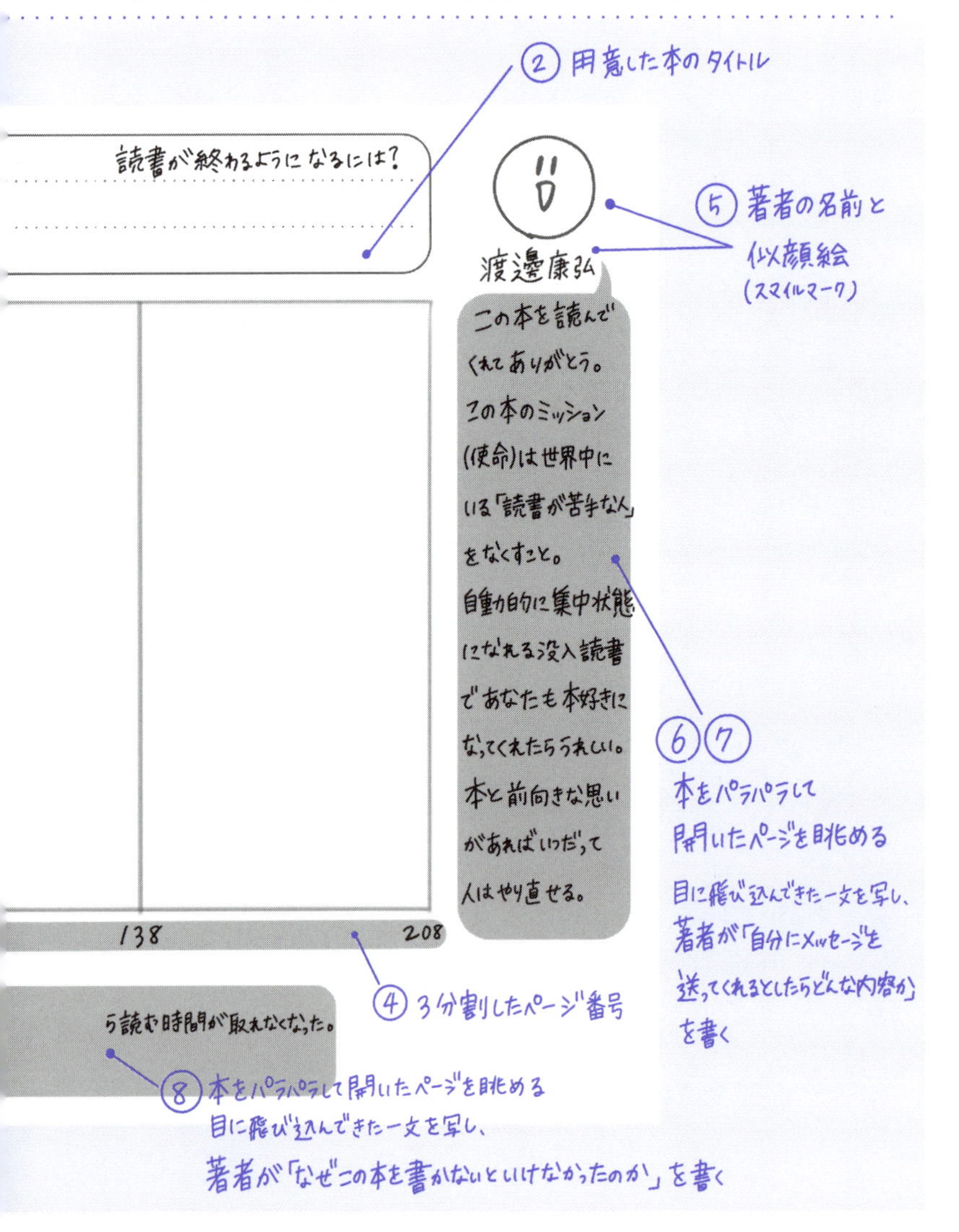

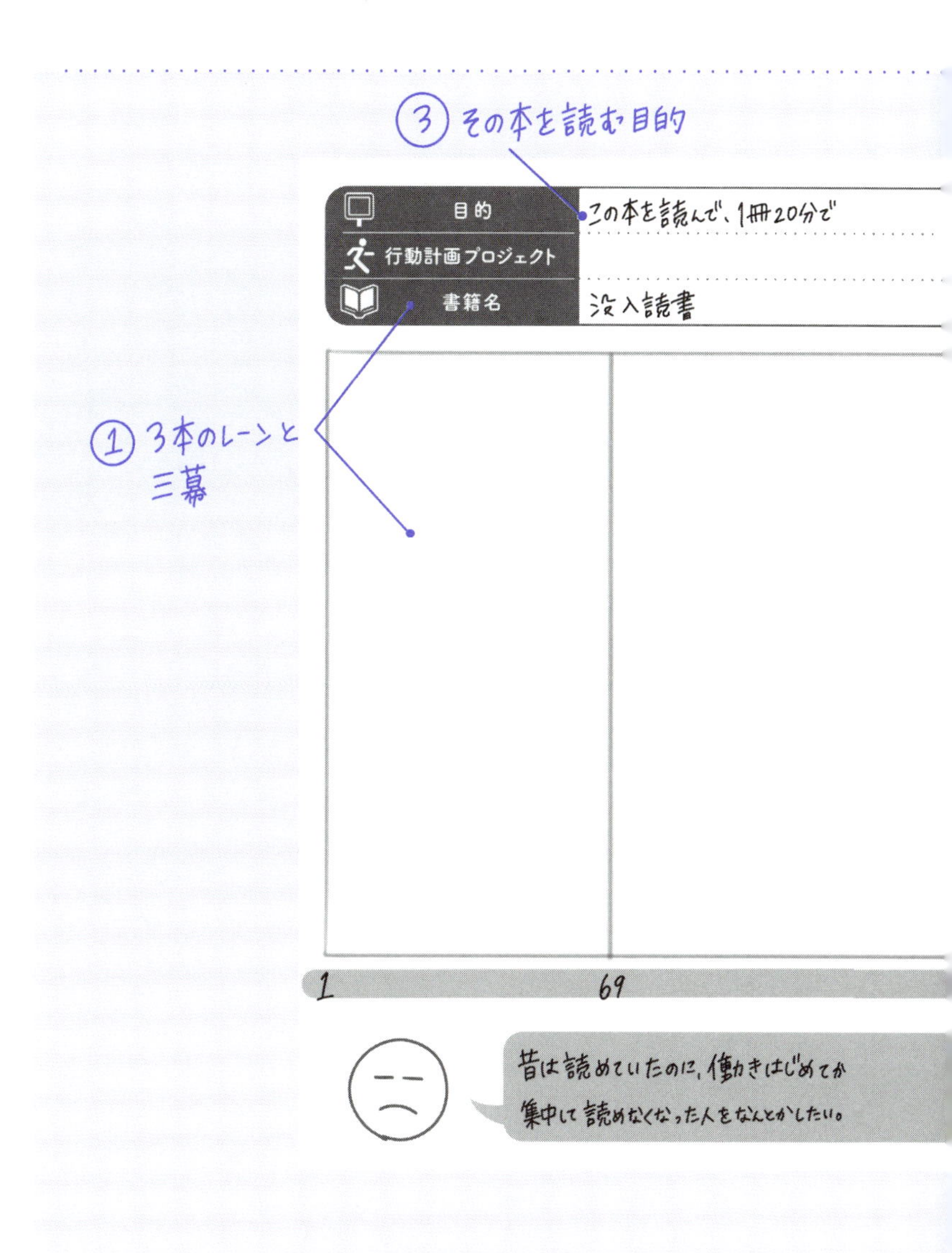
③ その本を読む目的
目的
この本を読んで、1冊20分で
行動計画プロジェクト
書籍名
没入読書
① 3本のレーンと
三幕
1
69
昔は読めていたのに、働きはじめてか
集中して読めなくなった人をなんとかしたい。

いた三幕の下にある似顔絵の横のセリフスペースに書きます。

先ほどと同じように本をパラパラさせて、パカッと開きます。**開いたページを見開きで眺め、飛び込んできた一文を書きましょう。**

たとえ、目に飛び込んできた一文が、この時点でその理由につながらないようなものであっても、そのまま書き出します。


ここまでが「ステップ0」です。

だいたい3分〜8分ぐらいで終わらせるといいでしょう。

もっと時間を短くしたい場合には、⑤⑦⑧を外しても大丈夫です。私が読書会や企業研修を行うときは、この部分はカットします。理由は、⑤⑦⑧は慣れるまで少し時間がかかるためです。

ただ、これは著者をイメージしやすくなるので、時間に余裕があるようでしたら、挑戦してみてください。

ステップ
1

本をパラパラさせて、脳にインストール

「ステップ1」は、本をパラパラさせます。

パラパラの際に大切なのが目の使い方です。

全体を眺める感じで見ます。

この目の使い方を覚えることで、本の情報を潜在意識の中に取り込むことができます。「目の使い方を覚える」と聞くと難しいように感じます。ただ、これは日常生活の中で、すでにあなたもやっていることです。

たとえば、美術館で絵を見るとき、あなたはどんなふうにして見ますか？

絵の全体を眺めますよね。いきなり、筆のタッチや絵の具の素材といった細部までチェックする人はいないでしょう。

レゾナンスリーディングでも、**いきなり細かい字を追いかけるのではなく、両目で眺めながら、ページをパラパラさせていきます。**

本をパラパラさせる効果とは？

呼吸をゆったりとし、両目で眺めながら本をパラパラさせます。

パラパラしていると、ページとページの間に色が見えてくる人もいるかもしれません。色が見えたら、その色のカラーペンを手に取りましょう。

もちろん、色が見えなくても大丈夫。パラパラしてみて、**「その本を色で表すとしたら何色かな」**と考えます。手元に用意してあるカラーペンから、その色のペンを選びましょう。

カラーペンを使うのは、面倒くさいという人もいるかもしれません。

アメリカのアルバート・アインシュタイン医科大学のニコール・タルトゥーロと、ニューヨーク市立大学ブルックリン校のジェニファー・ドレイクの研究で、**色を塗っている間は不安を示すすべての物理的指標が下がり、不安を感じる度合も低下する**ことがわかっています。

一時、マンダラ塗り絵などの塗り絵が流行(はや)ったのも、こうした複数の研究に基づくのでしょう。色を使うことや塗り絵には、ストレス反応を引き起こす**扁桃体(へんとうたい)の活動を抑える効果があることもわかっています。**なるべくカラーペンを用意して実践してみてください。

そして、**パラパラすることによって、その本に「なじみ感」が生まれます。**

パラパラしたとたんに書かれている内容がわかるかというと、体では理解しているものの、頭で理解できないと答える人がほとんどでしょう。

この本をパラパラさせることは、スマホにアプリをインストールすることと似ています。スマホの外見上からは、誰もそこにどんな内容が入っているかはわかりません。このパラパラも同じです。取り込んだアプリを起動させ、液晶ディスプレイ上に情報として映し出す作業が必要なのです。

ステップ1
本をパラパラさせて、脳にインストール（0分～2分）

そのために大切なのは、インストールした情報データをしっかりと認識すること。認識するには、しっかりとその本のエネルギーを受け取り、紙に転写させることです。

サブリミナル効果は嘘なのか？

パラパラには、サブリミナル効果やサブリミナル刺激と呼ばれる効果があります。私たちの思考は、知覚できないスピードの無意識レベルの情報を取り込んでも、問題解決できるといいます。

一方、サブリミナル効果に関しては嘘だったという話もありますが、**ここ数十年の研究では、サブリミナルには効果が見られることが報告されています。**

日本の認知科学を牽引してきた青山学院大学の教授、故・鈴木宏昭氏の2013年の研究です。

パズルの正解の配置をサブリミナル提示したグループと、サブリミナル提示なしのグループに同じものを解いてもらいました。

サブリミナル提示されたグループは、そうでないグループに比べて、格段に問題解決のスピードが上がりました。通常は数十分かかるようなパズルが数分で解けてしまったそうです。

また、現代神経学の第一人者、アメリカの南カリフォルニア大学のアントニオ・ダマシオ教授によれば、私たちの脳は、ホメオスタシスなどの生命活動を操作する「ビッグデータ」処理装置でありつづけてきたといいます。

たとえ、意識できないスピードで得た情報でも、私たちの記憶システムのどこかにビッグデータとしてとどまるといえます。

それがまた無意識下で、現在の状況を判断したり、いま学んでいるものと結びついて、ひらめきを生んだりしているのです。

ステップ②

3分割したマップに波線を描く

①波線を描く

本を右手で持ち、左手でペンキャップを外したペンを持ちます。

本のエネルギーを感じ取り、そのエネルギーを左手で転写させるように、**三幕の右上から左下へと山谷がある波線を描きます。**「本のエネルギーって？」とわからない人もいるかと思いますが、とりあえず左手に任せるようにして、自由にペンを動かしてみましょう。

②気になる箇所に「↑」を6個つける

次にこの波線を見て、気になる箇所に6個、下から「↑」（矢印）をつけます。

左端の一幕から2か所つけていきます。本能的にスピーディーに「↑」を入れます。

③ページ番号の記入

「↑」をつけたところのページ番号を予測し、記入します。その「↑」がだいたいどのくらいのページ番号なのか、本能的にスピーディーに、思いついたものを書いていきます。**ページ番号は、思いつくまま本能に身を任せ、ランダムな数字を書き入れます。**63ページ、137ページ、181ページなどランダムな数字を書きましょう。

④優先順位をつける

ページ番号をつけたら、今度は優先順位をつけていきます。波線とページ番号を見ながら、「ここは1番目かな」「2番目かな」と、**心が感じるままに、優先順位をつけていきます。**

思考モード「本能くん」と「理性くん」

ノーベル経済学賞をとった、世界的な心理学者のダニエル・カーネマンは、私たちの思考モードには2つのモードがあると言っています。

それは、速い思考と遅い思考です。

速い思考とは「本能的な思考」、遅い思考とは「理性的な思考」です。

本能的な思考を「本能くん」。

理性的な思考を「理性くん」。

このように私は呼んでいます。

本能くんは、直感的、スピーディーに物事を判断していきます。

理性くんは、じっくりと物事をとらえて思考することが得意。


ステップ2−②〜④は、本能くんに任せて、スピーディーに行うのが大事です。

理性くんは本能くんが何をするのか不安を感じているかもしれません。**理性くんは、数字があると安心する性質をもっています。**本能くんがつけた「↑」に、数字がつくことで理性くんは安心していきます。

さらに、そこに優先順位がつくことで、理性くんは本能くんが感じて行動したことに対して許可が出せるのです。

ステップ2
3分割したマップに波線を描く（1分～3分）

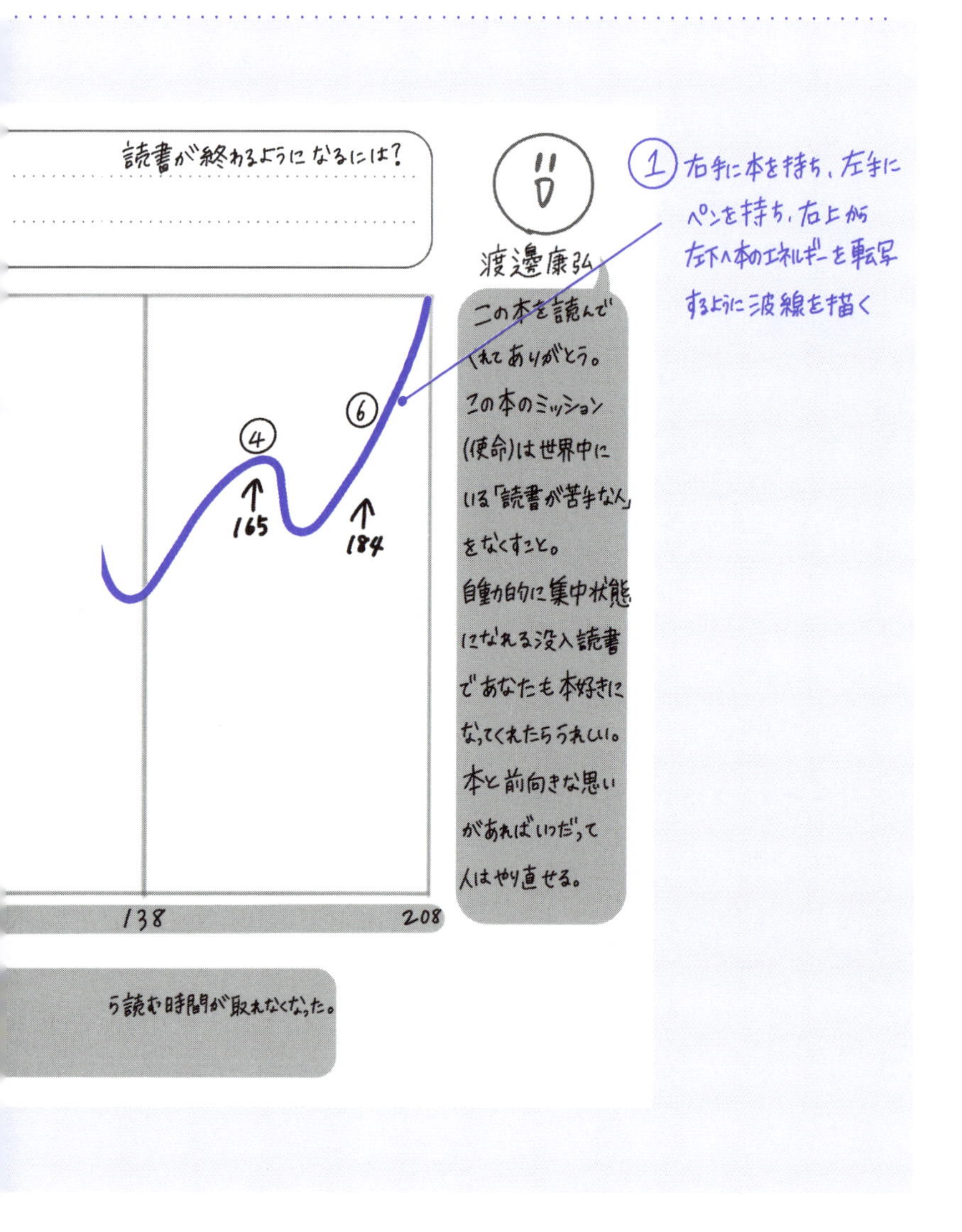

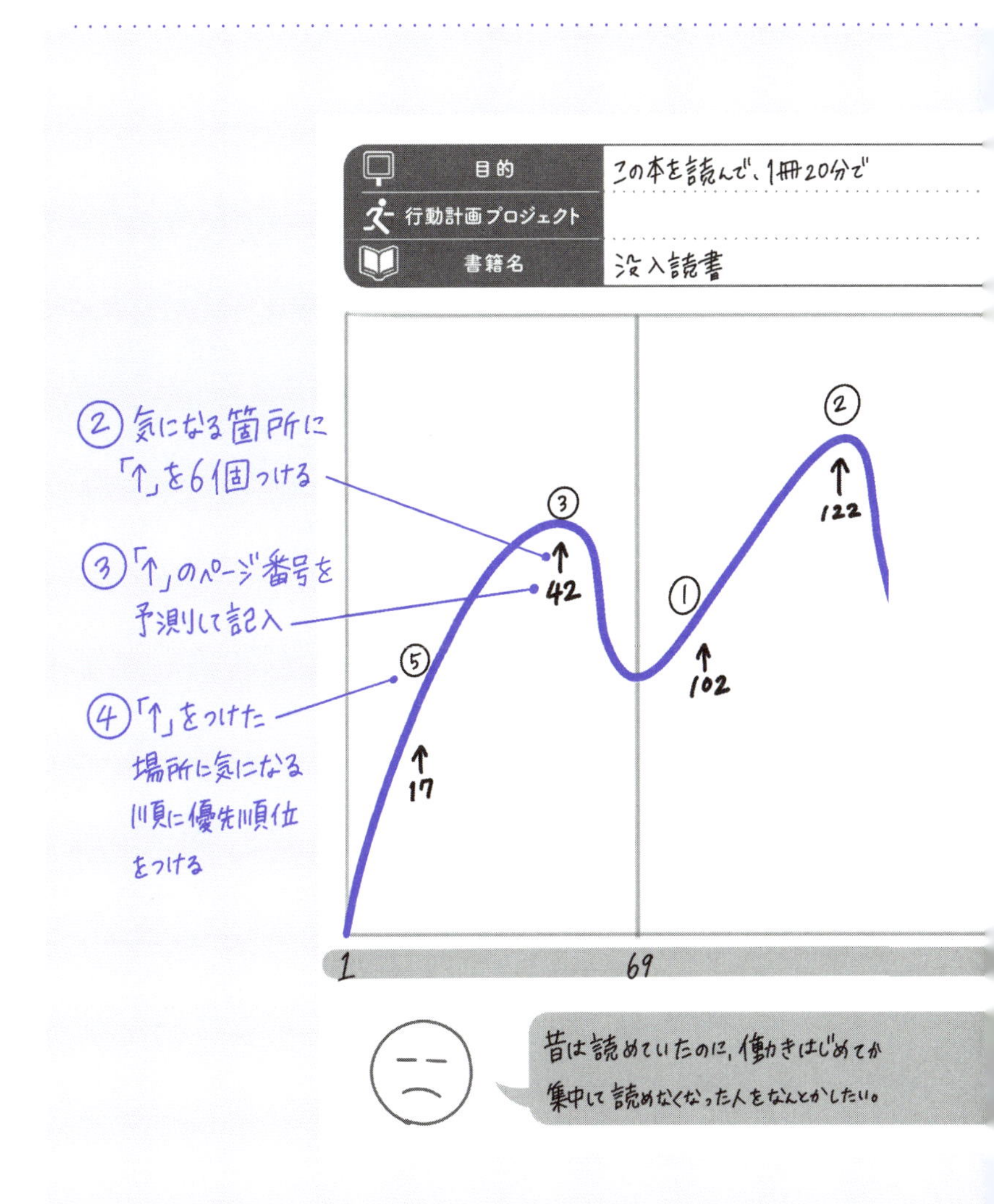
目的
この本を読んで、1冊20分で
行動計画プロジェクト
書籍名
没入読書
②気になる箇所に「↑」を6個つける
③「↑」のページ番号を予測して記入
④「↑」をつけた場所に気になる順に優先順位をつける
⑤
17
③
42
①
102
②
122
1
69
昔は読めていたのに、働きはじめてか
集中して読めなくなった人をなんとかしたい。

私たちは、生まれたばかりのときは本能くんが優位なものの、学校や社会で生き抜くために、理性くんばかりを鍛え、本能くんをないがしろにしがち。

しかし、レゾナンスリーディングの全体のステップを経験していくと、本能くんと理性くんが仲よくなっていきます。

すると、没入できるだけでなく、本能くんがもっているクリエイティブな部分が理性くんのフォローのもと、どんどん出てくるようになってきます。

ステップ

③ 波線の気になるところのページから単語を抜き出す

ステップ3では、ステップ2で書いた番号のページを開いていきます。

ページを開く前に、自分がどういう目的を立てたのかレゾナンスマップ（ステップ0－③）を見て、一度確認をしましょう。

①優先順位順に見開きページを眺める

該当のページを開いたら、見開きでそのページを眺めます。
たとえば、63ページと書いたところを開くと、62ページと63ページの見開きページになります。

このとき、本文は読まないでください。**あくまで見開きページで眺めます。**

②レゾナンスワードを抜き出し、マップにレゾナンスワードをメモする

読まずに眺めて、「目に飛び込んできた言葉」をマップの三幕内にメモします。
目に飛び込んでくる言葉は、著者とあなたとの対話のきっかけとなる言葉、「レゾナンスワード」です。より共鳴度合が高い言葉は、目に飛び込んできた瞬間に、ビビッときたり、背筋がゾクゾクしたりするかもしれません。

おおよそ、ひとつの箇所から3語から4語抜き出したら次の箇所に移ります。

そのまま残りの5か所を同じように眺めて、言葉を抜き出していきましょう。抜き出すレゾナンスワードは、見開きページからでOKです。

ステップ3は、「これは気になる」「これはなんだろう」という好奇心や、自分が力を感じる「レゾナンスワード」を見つけ出す作業です。

ここでの感覚の優先は、本能くんです。理性くん優位のじっくりと読むというよりも、本能くん優位で、飛び込んでくる言葉をどんどんメモしていきましょう。

理性くん優位で読むのはこの後になります。**ここでは、本能くん優位でスピーディーに行っていきます。**

スマホで考えてみると、インストールが完了したら、そのアプリを起動させますね。起動させるとスマホ上にデータが蓄積されていきます。

同じように、レゾナンスリーディングでもあなたの読書をしながら、レゾナンスマップにどんどん記載していくことが大切です。

渡邊康弘

この本を読んでくれてありがとう。
この本のミッション(使命)は世界中にいる「読書が苦手な人」をなくすこと。
自動的に集中状態になれる没入読書であなたも本好きになってくれたらうれしい。
本と前向きな思いがあればいつだって人はやり直せる。

ステップ3　波線の気になるところのページから単語を抜き出す（2分～6分）

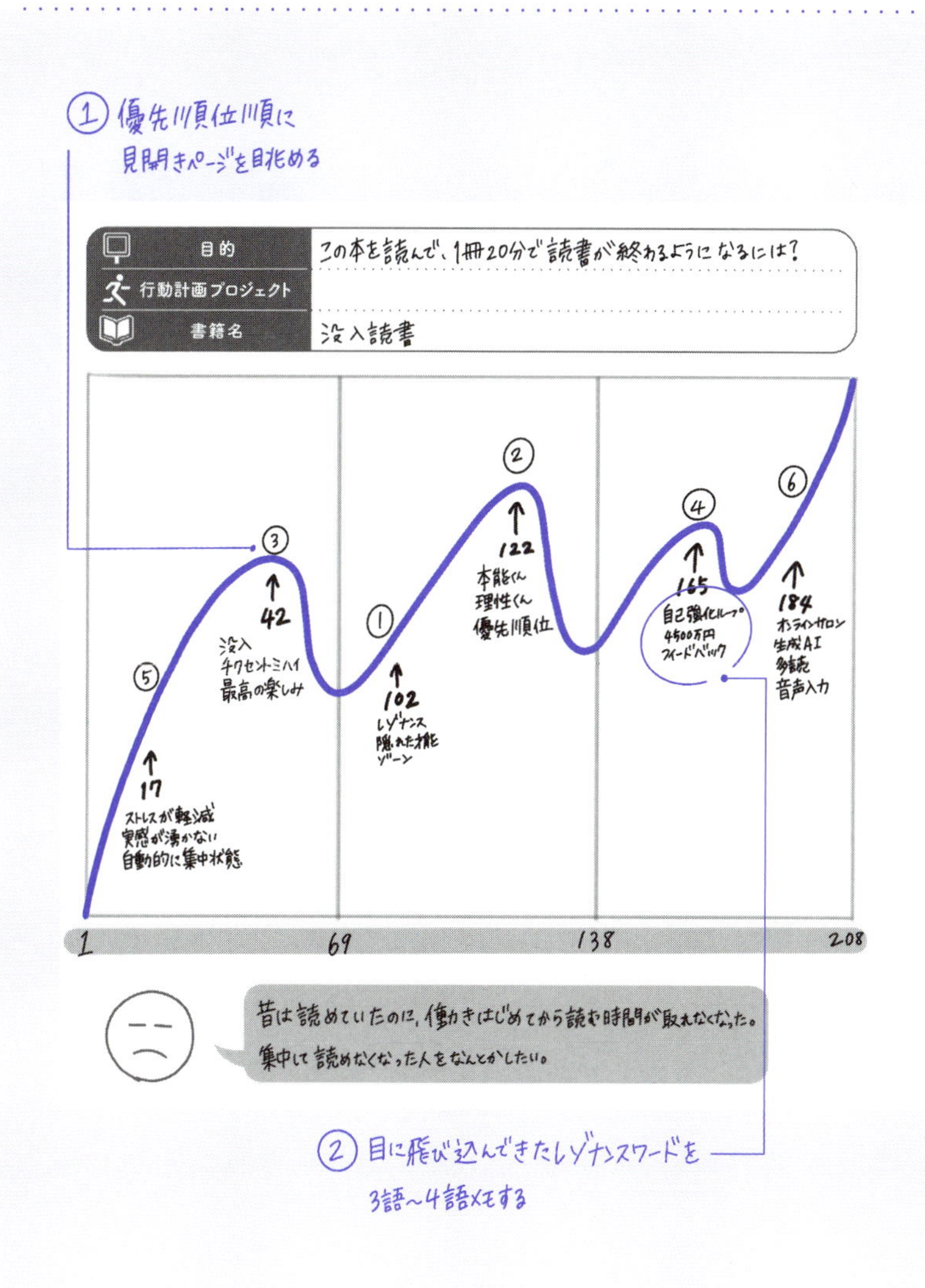

ステップ

4 気になる単語をもとに、問いかけながらその箇所を読む

ステップ4は、孵化（インキュベーション）と8分間リーディングを行います。
孵化とは、次の活性化をスムーズに行うための重要な役割を果たすものです。

まずは、いったん背伸びをしてみましょう。
ぐーっと体を伸ばして、さらに呼吸ですね。
ゆったりとした呼吸を2回、3回しましょう。
そのままゆったりとした呼吸のままで、レゾナンスマップを眺めます。

①レゾナンスマップを眺め、興味が湧いた点、深めたい点を見つける
レゾナンスマップを眺めたら、レゾナンスワードに注目します。そして、**「著者に聞いてみたいところ」や興味が湧いている部分を探しましょう。** また、「もっと読み

たい箇所、興味が湧くところはどこなのか？」を、心に問いかけてみましょう。

何かそのレゾナンスワードを見て気づいたことがあれば、その気づきをレゾナンスマップ上にメモします。

レゾナンスマップを眺めていると、**バランスが崩れているように感じる部分がないでしょうか？** 完全ではない部分。不完全な情報。まだ言葉がただ羅列されているだけですが、何かを感じる部分。

「何か気になる言葉」、それこそ、あなたの新しい才能を作るカギなのです。

②8分間リーディング（目的を達成するために、気になる箇所を読む）

「何か気になる」「これはいったいどういうこと？」という箇所を8分間、理性優位で読みます。

この箇所は、先ほど取り出した優先順位のページ番号だけにとらわれる必要はありません。気になる箇所なので、その箇所の章のはじめから読んだり、見出しや小見出しを読んだり、**目安として10ページ前後読んでいきます。**

ステップ4　気になる単語をもとに、問いかけながらその箇所を読む（8分＋5分）

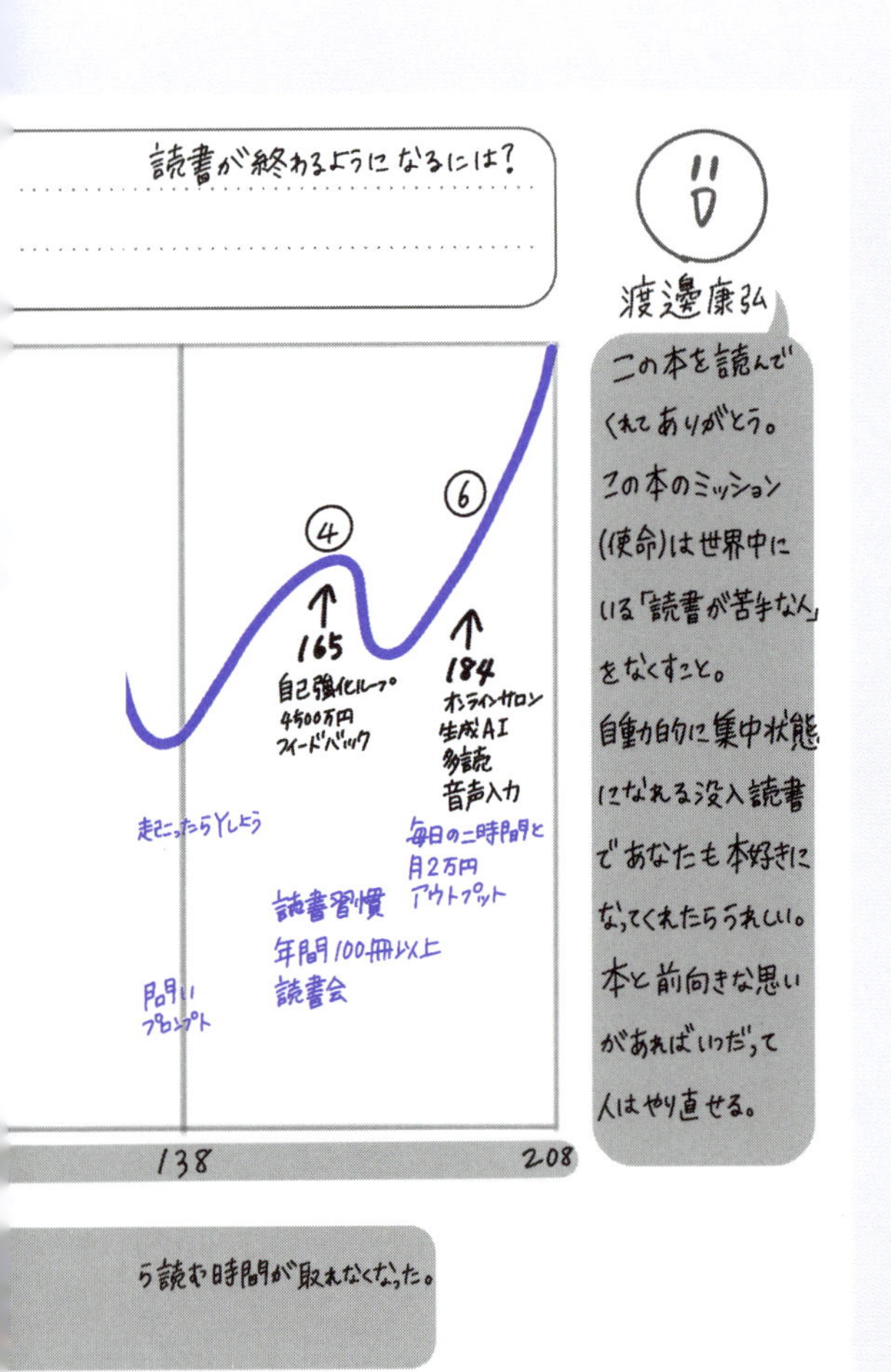

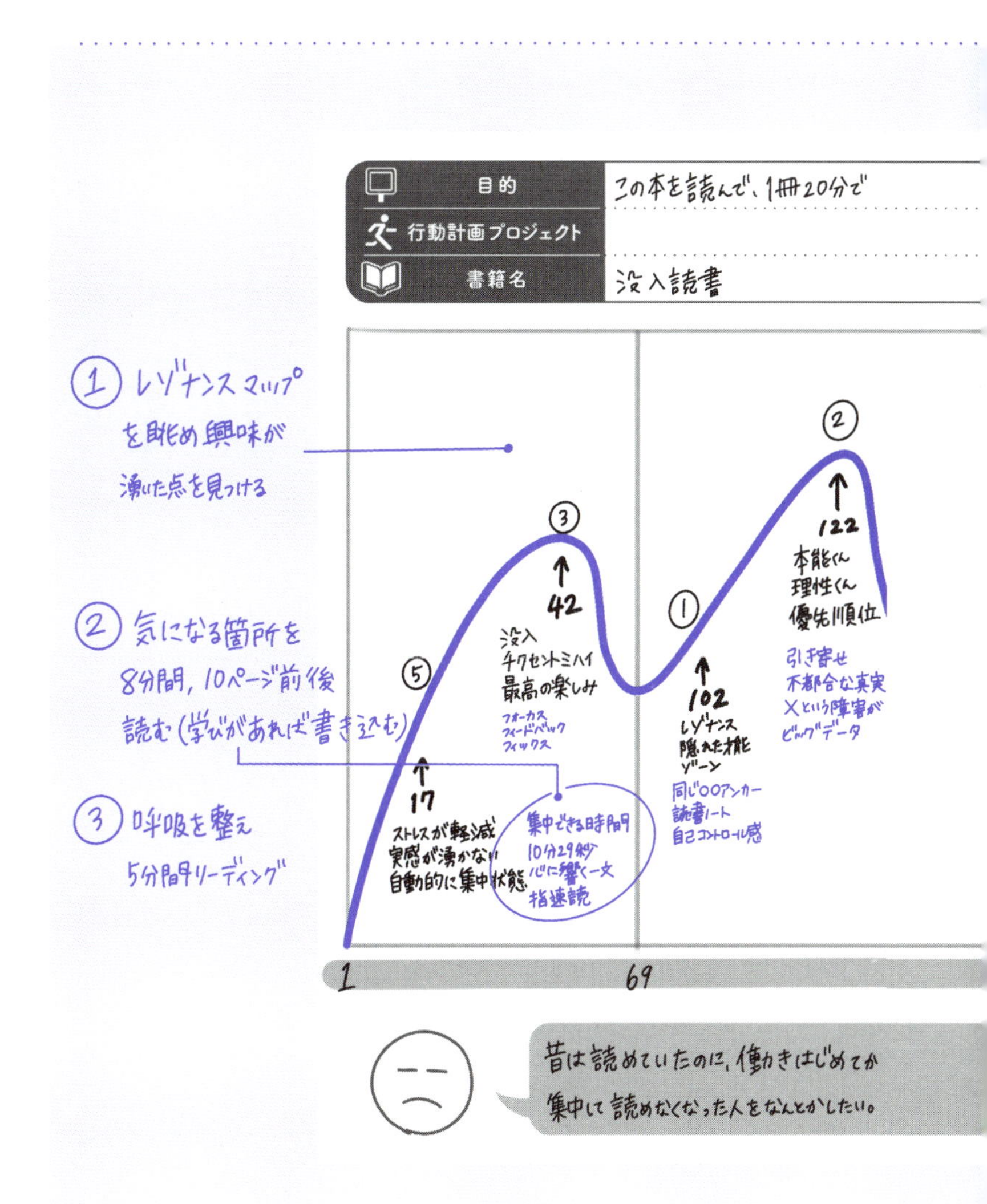

目的
この本を読んで、1冊20分で
行動計画プロジェクト
書籍名
没入読書
① レゾナンスマップを眺め興味が湧いた点を見つける
② 気になる箇所を8分間、10ページ前後読む（学びがあれば書き込む）
③ 呼吸を整え5分間リーディング
③
42
没入
チクセントミハイ
最高の楽しみ
フォーカス
フィードバック
フィックス
⑤
17
ストレスが軽減
実感が湧かない
自動的に集中状態
集中できる時間
10分29秒
心に響く一文
指速読
①
102
レゾナンス
隠れた才能
ゾーン
同じ〇〇アンカー
読書ノート
自己コントロール感
②
122
本能くん
理性くん
優先順位
引き寄せ
不都合な真実
×という障害が
ビッグデータ
1
69
昔は読めていたのに、働きはじめてから集中して読めなくなった人をなんとかしたい。

それは幼い頃、怖いもの見たさで読んでしまったり、見てしまったり……という感覚と似ています。ワクワクしながら読んでいきましょう。

ここで、目次を見てもかまいません。

もし、あなたがすでに他の速読法や読書法を習っていたら、その手法をここで用いてもいいでしょう。斜め読みでも、飛ばし読みでも、一字一句丁寧に直線的に読んでいく方法でもかまいません。

特に、1章で紹介した**指速読「エクストリームリーディング」もおすすめです。**気づいた点があれば、マップにメモしてみましょう。

③呼吸を整え、5分間リーディング

残り5分間しかないとしたら、あと**何を知ったら、あなたはこの本を読んだ状態になりますか？**

それを考えたら、もう5分間読書をしてみましょう。ここでもおすすめは、指速読です。

脳の自動検索モードを使えばこれだけで本が読める

ここから、孵化の時間に入ります。

孵化は、インキュベート、生産的休息の時間です。まさに、アイデアという卵がどのように孵化するのかという時間です。

少なくとも、1分～3分ほど呼吸を整える時間を作りましょう。

もちろん、ここで一晩寝かせてもOK。

書き出したレゾナンスワードをただ眺めて、著者に聞きたい内容が現れた瞬間に、脳は自動検索モードに入ります。

レゾナンスリーディングは、**実際に読む時間は、このステップ4の8分間リーディングと5分間のリーディングのみです。**

それでも読んだことにできる理由は、「あと何を知れたら、私はこの本を読んだといえるだろう？」という**「問い」をもつことになるからです。**

生成ＡＩに、プロンプト（指示・質問）を入れるとＡＩは答えを導き出してくれます。

じつは、私たちの体も同じです。

すでに大量の経験や知識が私たちの体につまっています。

そこに、プロンプトを打ち込むと、答えを自動的に探してくる機能がすでに備わっているのです。

そのプロンプトは、私たち人間においては「問い」なのです。

生成ＡＩ時代だからわかった！　天才たちが大事にしていた「問い」

西洋哲学の基礎を築いたソクラテスはこう言いました。

「人間の卓越性たるものは、自身と他者に問いかけることだ」

また、天才といえば真っ先に思い浮かぶ、アルバート・アインシュタインはこう言っています。

「もしも生死のかかった問題を、1時間で解かないといけないとしたら、私は55分間を問い作りにあてる。なぜなら、**適切な問いさえ見つかれば、5分であっても答えは見つかるからだ**」

生成ＡＩの時代になってようやく、なぜ天才たちが「答え」よりも「問い」を大切にしていたのかがわかるようになりましたね。

脳は、時間を置くことによって、より精度の高い検索状態に入れます。**脳は、単なる一時的な答えを見つけるのではなく、新しい発想、新しい切り口を見つけるために、アイデアを結びつけようとします。**

つまり、時間を置くことが、新しい情報と既存の知識を結びつけることをスムーズにさせるのです。

ステップ 5

その本から得たアイデアを活用する行動計画を作る

①行動計画を作る

最後に3分〜8分間ぐらいで、いまあなたが読んだ本からアイデアを得た行動を、「一週間以内」「3か月から半年」「1年から3年」のスパンで三幕に書き出してみましょう。

まず左端の一幕目に一週間以内の**新しい「出来事」もしくは「人に会う」予定**を立てることです。

次の二幕目に3か月から半年の予定。ポイントは、**「自分の内面」と向き合う時間**を入れること。

最後の幕の1年〜3年は、「この一週間の行動計画をどれかひとつでも続けたら、未来に何が起こるのか」という、**実現可能性の高い妄想**を書き込んでみましょう。

人間は、どんな素晴らしい提案であってもすぐに後回しにしてしまいます。

不思議なもので、「いますぐ」このレゾナンスマップに、具体的な行動計画を記載するだけで、早い人だと**48時間以内に、遅くても3週間以内にその行動計画に書かれたことが自動的に起こってしまうのです。**

とにかく、「いますぐ」行動計画を立てましょう。

②プロジェクト名をつける

最後に、行動計画のプロジェクト名をつけて終了です。

三幕の上のレーンの真ん中の「行動計画プロジェクト」にあなたの計画に合ったプロジェクト名をつけてください。

なぜか行動計画が実現する秘密とは？

アメリカのニューヨーク大学の心理学教授夫妻であるピーター・ゴルヴィツァーとガブリエル・エッティンゲンは、研究により、引き寄せの法則の〝不都合な真実〟を

ステップ5　その本から得たアイデアを活用する行動計画を作る（3分～8分）

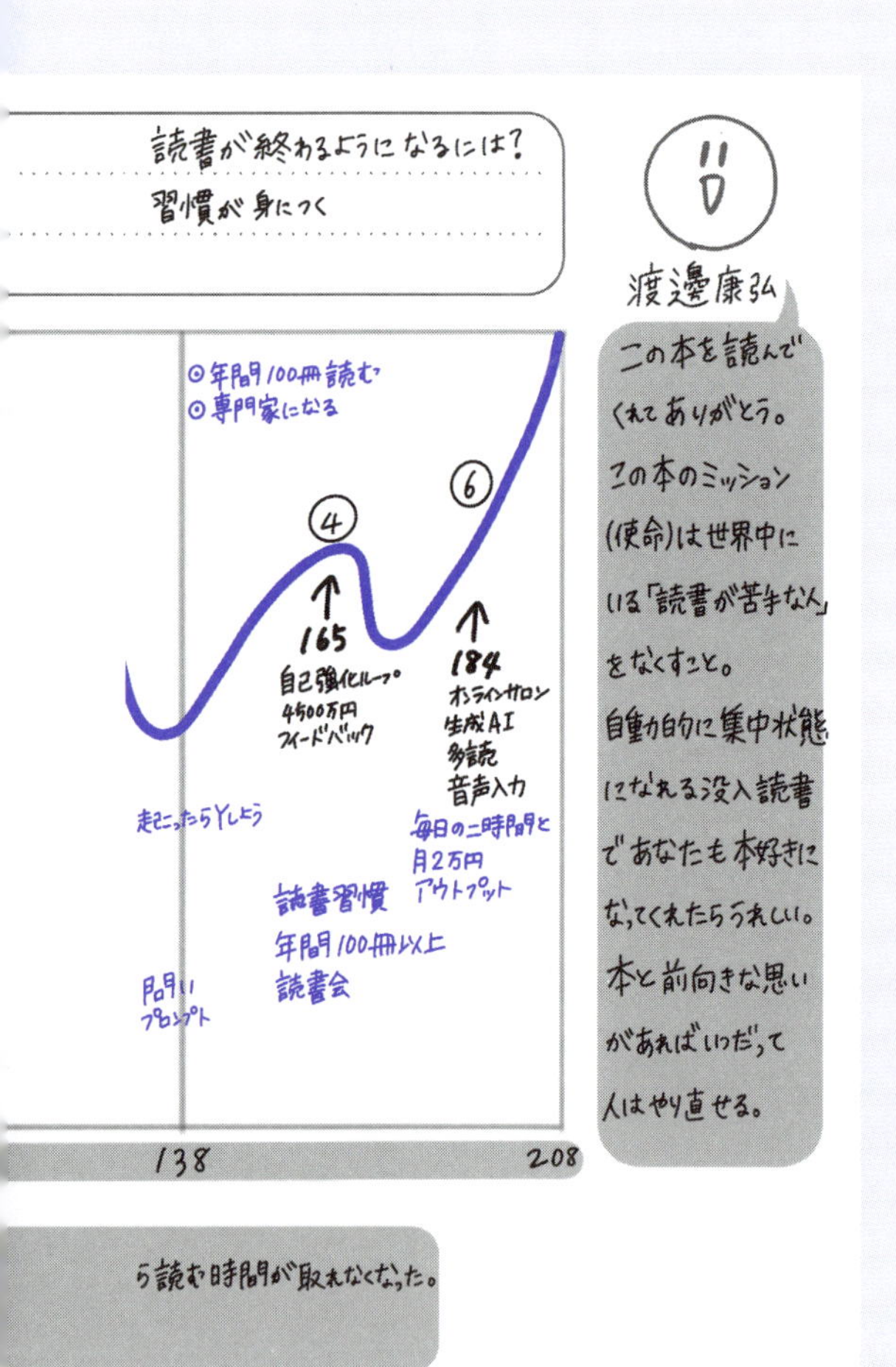

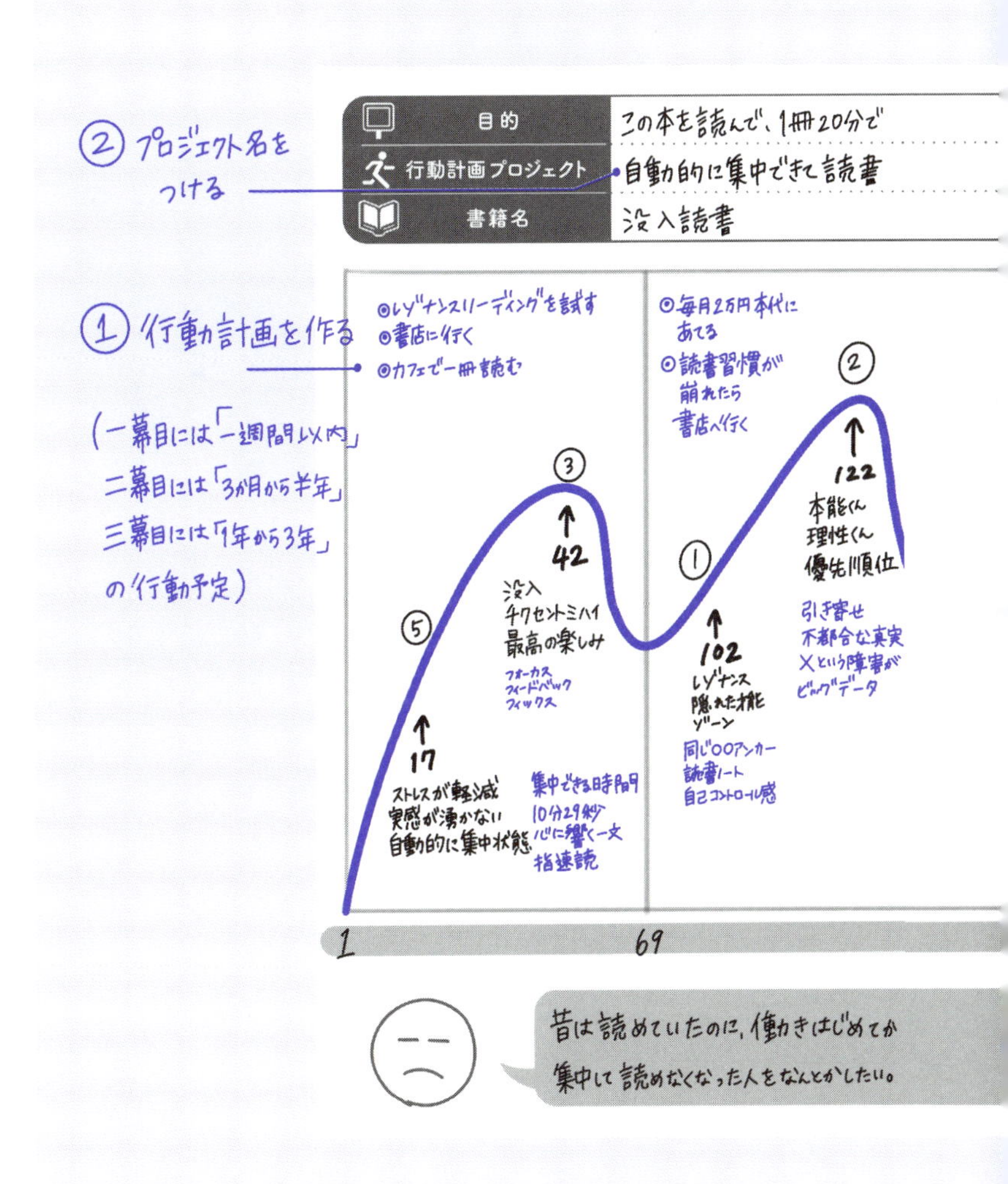

② プロジェクト名をつける
目的
この本を読んで、1冊20分で
行動計画プロジェクト
自動的に集中できて読書
書籍名
没入読書
① 行動計画を作る
（一幕目には「一週間以内」
二幕目には「3か月から半年」
三幕目には「1年から3年」
の行動予定）
◎レゾナンスリーディングを試す
◎書店に行く
◎カフェで一冊読む
◎毎月2万円本代にあてる
◎読書習慣が崩れたら書店へ行く
⑤
17
ストレスが軽減
実感が湧かない
自動的に集中状態
③
42
没入
チクセントミハイ
最高の楽しみ
フォーカス
フィードバック
フィックス
集中できる時間
10分29秒
心に響く一文
指速読
①
102
レゾナンス
隠れた才能
ゾーン
同じ○○アンカー
読書ノート
自己コントロール感
②
122
本能くん
理性くん
優先順位
引き寄せ
不都合な真実
Xという障害が
ビッグデータ
1
69
昔は読めていたのに、働きはじめてから
集中して読めなくなった人をなんとかしたい。

見つけました。

それは、やりたいことやワクワクすること、願いを書いても、大半が、**書く前よりも、書いた後の方がよくないことが起こる**ということでした。

その理由は、書いたことによる満足感が行動のモチベーションを下げてしまうこと。もうひとつは、書いたことにより、起こるはずがない障害をイメージしてしまうことでした。

しかし、エッティンゲンは、この障害をイメージしてしまった後に、**「もしXという障害が起こったらYしよう」というプランニングを立てると、多くのものが実現できる**ことに気づきました。

そこから、**目標を達成するためのフレームワークとして「WOOP」が開発されました。**WISH（願い事）、OUTCOME（具体的な利益、得たいこと）、OBSTACLE（障害）、PLAN（計画）を設計することで、目標達成がしやすくなります。

まさに、**レゾナンスリーディングは、当初からこの流れで、読後の行動計画を立てています。**そのため、多くの目標を実現している受講生が多いのです。

不安解消！レゾナンスリーディングQ&A

ここで、究極の没入読書であるレゾナンスリーディングによくお寄せいただく、質問をまとめてみました。ぜひ、こちらも併せてご活用ください。

Q：どのくらいの冊数を読めば、レゾナンスリーディングの効果を実感したり、この手法に慣れたと感じたりしますか？

A：早い人で一冊を読んだだけでも変わります。**平均2冊～4冊ぐらいで変化を感じ**、10冊以内でこの読書法に慣れて、さらに効果を実感されるようです。

Q：ステップ3で空白ページが出ました。これはどういうことでしょう？

A：**空白ページは、その本との縁が深いと経験則としてとらえています。**確率論からしても、何十ページに1ページの割合しか空白は入っていません。空白が出るということは、その本というテーマに著者とあなたが語り切れないほどの内容があると考えてみるとよいでしょう。

Q：ステップ2で引く波線ですが、いつも同じようなラインになります。これはどういうことでしょうか？

A：その本と、あなたの作る目的によってラインの波が生まれます。**同じ本でも、目的をまったく違うものにすると、ラインの形もいつもと違ったものになります。**

Q：ステップ3のレゾナンスワードで、太字や大きい文字が目に入ってきます。これでいいのでしょうか？

A：レゾナンスリーディングを始めたばかりの場合、比較的、太字や大きい文字が目に入りやすいです。もちろん、太字や大きい文字が目に入るのであれば、それをレゾナンスマップに書き写しましょう。どうしてもそれが続いて、他の言葉が入ってこない場合にはルールを作るといいでしょう。

「レゾナンスワードとして拾う太文字はひとつまで。もう2つは太字ではない言

葉」といったルールを作ることで、自分の思考の偏りを回避することができます。

Q：20分以内で読むことができません。むしろ、この読書法をするともっと読みたい部分が出てきて、読み終わるのに何時間もかかってしまいます。

A：いい傾向ですね。**これこそ没入している証拠です。**レゾナンスリーディングを学んだ人の多くが、経験することです。もし、20分以上かかる場合には、「あとどれくらいの時間があれば、この本は読んだといえるか」を考えてみましょう。おそらく、20分の段階でもうあと数十分で充分と感じていないでしょうか？　レゾナンスリーディングを何百冊と行っている人も、平均すると**追加で10分ぐらいあれば、その本はもう読まなくてもよいと感じるようです。**

Q：小説でもこのレゾナンスリーディングで読めますか？

A：もちろん、レゾナンスリーディングは小説にも対応した読書法です。ただし、小説の独特の文体を楽しみたい方、一文一文味わって読みたい人、小説を通して時間を潰したい人には、おすすめではありません。むしろ、**読みたい小説があるの**

に、なかなか読むことができない、もっと深く読んでみたい、速く読みたいという方にはおすすめです。

大きく異なるところは、ステップ3のレゾナンスワードを拾うところです。小説の場合は、**言葉の代わりに、見開きページで現れる登場人物とその見開きページのシーンがどのようなものかをメモしていきます。**通常より、少し時間をかける形で、一か所、1、2分程度かけてつかんでいきます。そして、ステップ4では、「ステップ3でメモした登場人物はどのようにして、最初登場したのか？」「6か所のシーン、はじめのシーンと次のシーン、次のシーンとその次のシーンはいったいどのようにつながっているのか」を意識して、指速読をしていきます。すると、通常の読書よりも、より深く、没入状態が起こり、小説の世界にどっぷりとつかっていくことでしょう。

Q：キンドルのような電子書籍でもできますか？

A：もちろんできます。私は、洋書を読む際にキンドルで読みながら、レゾナンスリーディングをしています。以前、キンドルの一部の洋書しかできなかったパラパラ（スライドさせること）を、日本語のキンドルでもできるようになりました。やり方は、紙の本も、キンドルも同じです。ただ、一部のキンドルでは、ページ番号がなく、代わりに「位置No.」になっている本もあります。たとえば、4321というページをレゾナンスマップに書いた場合には、「位置」というボタンから、「4321」と入力すると、そのページが出てきます。**キンドルで便利なのは、マーカーがつけられること。**飛び込んできた言葉にマーカーを先にして、そのあとで、そのレゾナンスワードを書き写していきます。

4章

本に人生を全振りしたら起きたこと

没入読書で生きやすくなった人生

20歳のときまで、私は本を読むことができませんでした。

本を読むということに集中しようと思っても、ちょっとしたことが気になり、他に気がいってしまう状況だったのです。

じっとしていられない。

順番通りに読めない。

早く結論を求めてしまう。

それは、いまでも一緒です。仕事をするとき、誰かが一緒にいる空間では集中することができず、片付けや整理整頓も苦手です。

ずっと生きづらさを抱えていました。


生きやすくなったのは、読書で没入できるようになったからです。

集中力が上がり、学力も上がりました。入学当時は夜間の学部だったのが、昼間の学部に転入できました。人の気持ちがわかるようになり、多くの仲間ができました。

改めて、これまで本が読めなかった時代を取り戻そうと決意。

少し戦略的に、人生を考えるようになりました。

負担なく使える「時間」と「お金」がどのくらいあるのかを考えました。

まず、時間についてです。

人は、だいたい1日2時間くらいはなんとなく時間を使っています。

スマホでメッセンジャーやSNSを見る、サブスクで映画や動画を見る、またゲームをして時間を消費しています。

そこで、**私は起きている時間の20％を「本を読む時間」にしようと決めました。**

本を読んで得た知識をまとめたり、実践したりし、それをさらに独自に発展させたりしました。また、本を読むだけでなく、自分の将来設計など未来のための時間にあてました。

この後説明しますが、この当時使っていた2時間のアウトプットの大半は、いまの時代、生成ＡＩで代替できています。

1時間以上かけていた作業がものの数分で終わるようになって、すごく楽になりました。時間に対するコストがかからなくなってきて、いろんな実験をできるようになったのがいまの時代です。

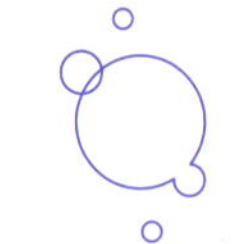

人生を変えるカギは「毎日の2時間」と「月2万円」を読書に費やすこと

20歳の私は、昼は働きながら、夜は大学で授業を受けていました。

働いて得たお金の10％ぐらいが自由になるお金。

そのお金は、**だいたい2万円ぐらいでした。**

ビジネス雑誌によると、この自由になるお金の額は、学生も社会人もそして結婚してライフスタイルがシフトしても変わらないということでした。

そして、ほとんどの人はこの2万円を、コンビニでたいして必要でもないものを買ったり、お酒の飲み代で使ってしまったりと無駄に失っているわけです。

先ほどお話しした、なんとなく消費してしまっている毎日2時間は、週にすると14時間、1か月56時間です。

このお金と時間が無理なく、負担なく、得られる「自由」なのです。

この月2万円と日々の2時間こそ大切な資源であり、使い方を変えれば「なりたい自分」になれるのではないか——そう考えたのです。

時間とお金の無駄な消費を、未来への投資へと変えたわけです。

それでは、何が一番効率がいいのか？

そう考えたときに、**本だけが唯一「減価しない」ということに気づいたのです。**

経営や会計を学んでいくと、減価償却という概念を学びます。

有機的物体の多くは減価していきますし、のれんなどの無形的なものも減価されるわけです。ちなみに、のれんとは会計用語で企業がもつブランドや技術、ノウハウ、顧客資源、従業員の経験などを総称する無形固定資産のことを指します。

もちろん、知識も古くなって使えなくなるものはあります。

しかし、古典文学や歴史、人間の本質たる哲学、心理学、脳科学、物理学というものは、知識のベースになります。そこから、新しい発見や最先端領域の発展があるわけです。そう考えると、潰しが効くと考えたのです。

本は、書かれている内容に差があるにもかかわらず、値段の差がついていない不思議なもの。音楽もそうですね。内容やコンテンツのよし悪しで値段は変わりません。

さらには、中古になればその書かれているコンテンツは減価していないにもかかわらず、半額や、中には100円や1円といった値段まで落ちることがあります。

本はいつ読んでも、書かれている内容自体に変化が起きるものではありません。

もちろん、**読み手にとって、時期が変われば受け取る内容に変化が生じるかもしれません。**

最初に読んだときは、自分とまったく関係ない文字の羅列かもしれません。ところが、時間がたち、さまざまな経験をへたことで、その一言ひと言が大きな意味をもって伝わってくることがあるのです。

最初の100冊の本との出合いが運命を変える

最初にどんな本に出合い、どんな本を読むことが楽しいと感じるか。

ここが大事だと私は考えています。

私が本を読めるようになった2005年当時は、ビジネス書の豊作のタイミングでした。いまでも第一線で活躍されているベンチャー企業の社長の本が多数出版された時期でした。

サイバーエージェントの藤田晋氏の『渋谷ではたらく社長の告白』をはじめとして、GMOインターネットの熊谷正寿氏の『20代で始める「夢設計図」』、いまではロケット開発などさまざまな事業をしている堀江貴文氏やソフトバンクの孫正義氏、楽天の三木谷浩史氏、USENの宇野康秀氏と、第一線で活躍されている方々の本に出合える時期でした。

それらの本を読むことで、人生を通して社長たちがどんな本に出合ったのか、どういうことに注目したのかを知ることができました。

また、私の後のメンターになる神田昌典氏の『成功者の告白』という本にも出合えました。この巻末に、参考文献やどういう本を順番に読んでいけばいいかなどが書かれており、本から本への出合い方がわかったのも大きかったです。

ＧＭＯインターネットの熊谷氏の本を読んだとき、ここに入りたいと強く思いました。ＨＰから応募して、面接を受け、いきなり人事部付けに配属されました。

そこで、子会社の採用アシスタント業務や給与明細作成などを任され、その業務の一環として子会社の社長にさまざまな話を聞く幸運に恵まれました。

子会社の社長たち、そしてＧＭＯインターネットの役員や部長の方々に**「日々の習慣」や「なぜ社長に（その地位に）なれたのか」「読んでいる本はどんな本なのか」**などを聞くことができたのです。

これはまるで、ナポレオン・ヒルが鉄鋼王アンドリュー・カーネギーに「成功の哲学」を作るように命じられた逸話のようでした（数々の成功者にインタビューしたことを体系化して生まれたのが『思考は現実化する』です）。

そこで、おすすめの本として挙がった『めざせ！CEO』や『フィッシュ！』『ビジョナリー・カンパニー』などはいまでも自分の原点でバイブルです。

取材していく中で驚いたことは、**彼らが読んでいた本は単純なビジネス書だけではなかったこと。**

日本の鉄道史や銀行史、アメリカ海軍の成り立ち、インターネット社会の今後や組織について、さらには禅などのマインドの本を読んで学んでいたのです。

また、取材した多くの社長に、未来予測としてアルビン・トフラーの『第三の波』やドラッカーの『マネジメント』『ネクスト・ソサエティ』が読まれていたのも印象的でした。

さらに子会社社長だけでなく、いろいろな社長を数珠繋(つな)ぎでご紹介いただきました。

そして、「日々の習慣」や「なぜ会社を興したのか」「読んでいる本はどんな本なのか」、さらには「最初の1000万円をどうやって稼いだのか」「商いを長く続けるコツ」など、定量的な質問をしていきました。

そうして紹介いただいた本をどんどん読んでいきました。

読んでその内容を実践し、フィードバックを得て、修正していった結果、いまの私があります。

最初に読んだ100冊が、いまの私を作ってくれたと思います。

年間100冊以上読む習慣はどうやって作れるか？

ここまでお読みいただき、本を没入読書でさらに読めるようになったら「1年で100冊読みたい」という目標をもった人もいるかもしれません。

実際に私の100冊読んだ経験と、私が主催するオンラインサロンメンバーの事例をお話ししましょう。


私は、大学時代に「500冊」本を読みたいという夢をもちました。

まずは、1年間100冊目標に、本を読みはじめました。目標だった大学1年の間に100冊をクリア。2年生の間に200冊、3年で300冊、4年生で500冊。**大学の4年間で1100冊本を読めました。**

大学生のときは、経済学者のジョン・メイナード・ケインズの逸話にあやかり、**大学の図書館の中に特定の席を決めました。**授業の間の空き時間は、いつもその席で本を読んだり、勉強をしたりしていました。

特定の場所や環境が決まると、2章でお話ししたように「アンカー」が発動して習慣化しやすいのです。

社会人になってからは、ますます読むようになり年間500冊に加えて、ビジネス洋書にも挑戦。**毎月50冊の洋書も加わり、年間1000冊以上の本を読むようになりました。**

私が働きながらでも読めた理由は、次の4つのポイントを意識したから。

1・昼休みと帰り道の時間は本を読む時間にあてる

2・昼休みと帰りのどちらかに一週間に1回は書店に行く
3・買った本はすぐに、最寄りのカフェか帰りの電車で読む
4・1、3でも読めないときは、水曜日の朝早起きをして30分読む

いかがでしょうか？

たいして特別な習慣ではないし、誰でもできる小さな習慣ですね。

私の場合、就業場所が新宿だった環境要因も大きかったです。

新宿には、日本屈指の書店である紀伊國屋書店新宿本店や、当時できたばかりのコクーンタワー内にブックファースト新宿店があります。この2つの書店にはよく行きました。

また、もっと早く帰れるときや、土曜出勤の帰りには、定期券で利用できる駅の**ブックオフに行き、買取りやせどり業者と間違えられるぐらい本を買い漁(あさ)っていました。**

当時1か月100冊読みたいと思っていても、予算は2万円。

新刊を10冊買うと、予算オーバーします。そこで、中古本にお世話になって、予算内で収めていた時期もありました。

社会人2年目ぐらいからは、ビジネス洋書を読みはじめました。非常に面白い本が出はじめていた時期。

さらにちょうど神田氏が、「洋書トライアスロン」という新しいサービスを始め、そこに選書担当として、携わらせていただきました。そこで、毎月50冊読んで、10冊ピックアップしてレポートとして提出。『ビジネスモデル・ジェネレーション』『Resonate』をはじめ、本当に自分の人生を一変させるような良書に出合いました。

そのビジネス洋書が、私の人生をますます変えていきました。

その後、東日本大震災もあり、本を**「自分のために読む」から、「誰かのために読む」に変わっていきました。**

「本を読んで、力に変える」というコンセプトの日本最大の読書会「リードフォーアクション」の立ち上げに加わりました。ここで神田氏、そして複数のリーディングファシリテーターのみなさんと一緒に読書会を始めました。

いまは本を読まない時代といわれ、本を読む人がどんどん減っています。ただ、**仲間ができると不思議で、どんどん読めるようになっていきます。**

オンラインサロンのメンバー内では、年間１００冊読むというのは、普通のこと。特別感はありません。

システムエンジニアの棚谷元樹さんは、**お昼休みの20分をレゾナンスリーディングにあてた結果、年間２５０冊もの本を読めるようになりました。**読んだ内容を同僚や部下にシェアすることができるようになりました。

薬剤師のおっちーさんは、レゾナンスリーディングを本で知り実践。年間１００冊読破を達成。**朝5時起きを続け、いまでは月80冊以上も読破しています。**

しかし、社会全体で考えれば、年間10冊も読まない人が6割を超える時代です。

年間１００冊読むことを、3年、5年、10年と続けてしまえば、もう一般の人が一生涯かけても読めない量に到達してしまいますね。

読書会は探すと、あなたの地域でもいろいろな種類のものがあるでしょう。

気になる方は、仲間と一緒に読む体験を実践するのはおすすめです。

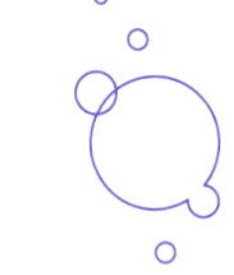

「自己強化ループ」で本に4500万円使ってきた

本を読んでいくうちに、「もっと本を読みたくても、本代が枷（かせ）になって読めない」という課題が出てきました。

先ほどお話ししたように中古本にお世話になったり、仕事で洋書を読んだりすることである程度の冊数を読むことはできていました。ただ、それでも限度が出てきます。

1か月で2万円の範囲内だと、年間500冊がうまく工面しても限界です。

自由になるお金が「月2万円」という予算の壁をどうしたら壊せるのか、その投資金額をいかに10倍にできるのか、ここが勝負だと思いました。

ビジネス用語で「自己強化ループ」というものがあります。

それぞれの要素がフィードバックし合って、プラスの結果を生み出しつづける正の関係。たとえば、売上が上がれば、広告を増やせる、広告が増えればまた売上が上がる……というような**正のループ**です。

このように、本を読むことで、自分自身を強化していくループをいかに作れるかというところがカギだと思ったのです。

そこで「読書会」の開催を決めました。

参加費3000円前後いただいて開催するようになりました。

最初はまったく利益にならないどころか、会議室代を払うと赤字でした。

それでも続けていくうちに盛り上がっていき、平均12人前後が集まるようになり、次第に50人近くが集まるようになっていきました。

ようやく、ほんの少しですがありがたいことに利益が出るようになりました。

気づけば、20万円、30万円近く稼げるようになりました。**私はそのお金のほとんどを、本につぎ込みました。**

本代を稼ぐために働いて、さらにこのように副業までしていました。

そこからはずっと本にまつわるお仕事もさせていただきながら、ベンチャー時代に培った経験をもとにして、経営コンサルティングをしています。

そうして、年間300万円〜500万円という、年収と同じぐらいを本にかけられるようになりました。

そうしてこの10年で4500万円、本に使うようになりました。

ひとつの書店で約1000万円使った記録として、ブックファースト新宿店のポイントカードには、9万ポイント貯(た)まっています。

さらにこうして、読書に関する本を執筆させていただいています。

理解を深めるには参考文献をチェックしよう

「一冊の同じ本を極めるぐらい読んだ方がいい」。そう言う人もいますよね。

ただ、私は一冊だけだとどうしても飽きてしまいますし、そもそも、**一冊だけでその本を「理解した」というのはおこがましい**ことだと思います。

著者が書くにあたって、参考にした本を一つひとつ読んでいって、

「なぜこの著者はこの本を書けたのか？」

「どうやって書いたのか？」

というその状況をイメージしながら読んでいくのが、真の意味で「その本を理解した」ということに迫ることができるのではと考えています。

そのため、何度も読みたい極めたい本が見つかったら、**その本の参考文献リストを徹底的に多読して、学んでいきます。**

反対に、ビジネス書や実用書の中で、参考文献があまりない、著者が体験したことが書かれている本に関しては、私は〝エンタメ〟として扱っています。

私が思う良書とは、**「再現性がある」「参考文献リストが秀逸」「読者の悩みである痛みのシーンが明確である」「解決策が画期的または最先端をいっている」**もの。

こうした本の参考文献リストを読んでいって、深めていくパターンの多読をしています。

その他には、ひとつのテーマを決めて**一気に半日から一日かけて、20冊〜30冊以上読む**というのも1か月に数回行っています。

書店には「目的」をもって入店すれば失敗しない

1か月に数回、決めたテーマに関連する本を20冊〜30冊集めるために、大型書店に行きます。

私の中には、それぞれの書店の特徴があるので、そのテーマに合った書店に行きます。

紀伊國屋書店新宿本店なら、ゆっくりと各階ごとに楽しみながら、全体の売れ筋を見られます。丸善丸の内本店は、ビジネスパーソンが多いので、しっかりとした骨太本を探します。有隣堂アトレ恵比寿店は、女性エッセイやスタートアップ、ＩＴ本が充実しているので、そういった本を探します。

大阪では、紀伊國屋書店梅田本店でいま本当に売れている本がわかりますし、梅田駅周辺にはたくさんの書店があります。それぞれの書店での売れ筋を見ます。

名古屋の三省堂書店名古屋本店は、小説コーナーが充実していて、文芸を見るのにとてもいい。

福岡は丸善博多店。各カテゴリーの良書があり、特に心理系の本が充実しています。

福島のジュンク堂書店郡山店は専門書が充実しており、なかなか都内では見つけられない本が見つかります。

一つひとつの書店に色があって、またグループによっても個性があるので、書店は私にとって神社のようなパワースポットです。

テーマに関連する本を集めるだけでなくてもおすすめなのが、**書店に入るときは、まずざっくりでもいいので「目的」をもって入店すること。**

目的をもって書店に入ると、勝手にフィルターがかかって、**〝本に呼ばれているような感じ〟になります。** それは、本が光っているように見えるかもしれないし、手に取ったときに、重みを感じるかもしれません。

また、手に取りパラパラパカッとしたときに、気になっていることや、思ってはいたけれどまだ言語化できていないことが書かれている本が見つかりやすくなります。

私は、書店に入ったらまず**新刊をチェックします。**

「どんな本が新刊なのか？」「いま、どういう本が売れると思って作られているのか」のチェックをします。気になる本、手に取ったことのない本は、一通り手に取って本を傷めない範囲でパラパラとしていきます。

すでに、そのカテゴリーの本を100冊以上読んでいれば、その本の内容の8割はパラパラしていきます（本を傷めないように注意を払っています）。

新刊コーナーの後は各カテゴリーの棚に行き、知らない本は片っ端から手に取って

既存情報。このパラパラでも充分判断できます。

いる本。

その際に即買いしたくなる本は、そのカテゴリーの「最先端のテーマ」が書かれて

いる本。「最先端買い」です。

参考文献の中に、知らないものがあるかどうかで「参考文献買い」もします。

さらには、編集者の名前を見て「編集者買い」。すでに洋書、原書の状態で読んで

いるもので、翻訳がうまくいっている「翻訳買い」をすることもあります。

それでも、引っかかってこない本はそのまま軽い指速読をしてしまいます。思いっ

きり行うと、書店の本が傷ついてしまうので、軽めに行います。

指速読をすると、もはや知っているカテゴリーの本なら読んだ状態にできてしまう

ため、（申し訳ないので）買う確率が高い本のみ指速読していきます。

指速読すると理性的にわかるので、その本を引用したり、参考にしたりする可能性

があれば購入します。

私の場合、Amazonなどのネットショップでの購入だと失敗する確率が高いです。**実際に手に取ってみて購入すると、8割ぐらいの確率で失敗しない本を選ぶことができます。**

やはりお金を払う以上、失敗したくないという人が多いのも事実でしょう。

この書店での購入方法を参考にしてみてください。

週末2日間で自分の専門分野を増やす方法

本を読むことで、専門分野をもちたい、増やしたいという人も多いでしょう。

ここで、芋づる式に自分の専門分野を増やす方法の3つのステップについてお話しします。

①専門分野を増やす目的を考える

まず、あなたがこれからどんな専門分野を学びたいのか、その目的を考えます。

たとえば、私が過去設定してきた目的はこのようなものです。

「ライティングの知識を得て、多くの人に読まれる書評を書きたい」
「マーケティングの知識を得て、売れるプロモーション方法を知りたい」
「中国古典の知識を得て、会社の経営方針を作りたい」
「認知心理学の観点から、いまよりももっと効率的で、楽しい学習方法を知りたい」
「映画界の脚本術を学んで、ビジネスの中にストーリーを取り込みたい」

②大型書店に行く

目的を考えたら、大型書店に行きます。近くに大型書店がないという方は図書館でもよいですが、できれば大型書店がおすすめです。

大型書店の利点は、新しい本から古い本まであること。そして小規模の書店には流通していない本や小規模の書店では気づかない本を手に取ることができること。

専門分野を作るためには、やさしい簡単な入門書から、難解で5000円以上する本まで、ある程度のバリエーションが必要です。こうした本に出合い、手に取ることができるのが大型書店のメリットです。

③専門分野に関連する本を8冊、専門分野以外の本を2冊買う

書店に入ったら、そのコーナー、棚を探します。

マーケティングだったらマーケティングのコーナー、その棚に行きます。

そのコーナー、棚についたら、タイトルで気になる本からどんどんパラパラしていきます（くれぐれも本を傷めないようにしましょう）。

そして、その棚の中からエネルギーが高そうな――パラパラして心地よかった、体の中で何か感じた本を10冊ほど選び、購入します。

これからはじめて学ぶ専門分野の本だったら、10冊は次の割合にします。

入門書が2冊。

難しそうな専門書を6冊。

専門分野以外の本を2冊。

これが、自分の専門分野を作るコツです。

入門書は、図解されているものや、平易な言葉で書かれている本を選ぶことがコツです。入門書を入れる理由は、**その分野の全体を簡単に学ぶため。**これは誰でも思いつきそうですね。

そしてもうひとつの理由は「言語化のレベル」。専門分野を学んだ上で、**自分の言葉にする際に役立てるため**です。

専門分野を高めてしまうと、つい専門用語で物事を説明しがち。私もよくクセで難しいものをより難しくしてしまいます。しかし、優れた専門家は、誰でもわかるように、わかりやすい言葉で説明しています。

専門分野以外の本を入れる理由として、**そこに意外性を加えて新規性を生み出すためです。**

『アイデアのつくり方』の著者ジェームス・W・ヤングは、新しいアイデアは、既存のものと違った分野のものが掛け合わされて、生まれると述べています。

自分の専門分野を増やす3つのステップ

もしかすると、「えっ？　10冊も一気に買うの？」とためらうかもしれません。

それでも、**専門分野を作りたいのであれば、本を一気にまとめて買うことが大切。**

一冊500ページもの本に挑戦し読むという行為が、〝新しいあなたの才能〟を作ってくれるからです。

私自身、いまでもその当時買って読んだ『神々の沈黙』『ユーザーイリュージョン』『ビジョナリー・カンパニー』『ビジョナリー・カンパニー2』は鮮明に覚えていますし、影響を受けました。

高いと感じるからこそ、脳に残るのです。

価値があると思うものに、お金を投じなければ、そのものの価値がわかりません。

お金を投じることで、その本を書いた著者に敬意を払うことができます。著者には、わずかな印税しかいかないかもしれませんが、あなたがその一冊、一冊を購入のために使ったお金が出版界を支える一助になります。

たった2日間で専門家レベルの知識が身につく多読法

実際にどのようにして読んでいくのかお話ししましょう。

これから行う手法は、3章で行ったレゾナンスリーディングの応用です。

この手法を使えば、何十冊という本を短期間で読むことができるだけでなく、専門性を身につけることができます。

用意するもの

- これから身につけたい専門分野に関連する書籍10冊ほど
- 白い紙(A4程度またはノート)、もしくは巻末のレゾナンスマップを4枚~6枚
- ペン(カラーペン3色以上、12色が望ましい)

レゾナンスリーディング多読法

①目的を設定する

最初のステップは、目的を設定することです。「自分が何をできるようになりたいのか」が具体的であることが大切です。

たとえば、これから文章を書ける人になる方法を学びたいといった場合。

ただ「文章を書ける人になる」というよりも、「文章だけで年間500万円稼げる人になる」「100万PV集めるブログを作るための文体を手に入れる」「10分ぐらいの時間でスラスラと3000字書けるようになる」といった、**具体的で数字の入った目的にします。** さらに、人生や仕事に直結するものだとよいです。

②すべての本を写真で撮る

すべての本が1枚の写真に収まるように撮ります。あとでどんな本を読んだのか忘れないためにもおすすめです。

撮った写真を眺めてみましょう。**自分のテーマに合っているのか確認してみてください。** 新しい分野を作っていくために、2冊ほどまったく違う内容や異なる意見を述べている本を追加してもいいでしょう。

③すべての本をパラパラし、休息をとる

今度は、すべての本を一度パラパラします。ここでのポイントは、体が「ゾクゾクする感じ」や力強く感じる本を探すことにあります。そして、それをもとに**すべての本を一度ランキング付けをしましょう。** 10冊用意していたら、あなたが引かれる順に1位から10位までランク付けをします。

ランク付けしたらここで休憩です。最短でも5分は休憩をとりましょう。

④レゾナンスワードを出す

ここから3章でお話ししたレゾナンスリーディングのマップを作ります。**先ほどのランキング上位4冊〜6冊の本をレゾナンスリーディングしていきます。** ステップ1はすでに終わっていますので、ステップ2とステップ3を行います。

⑤関連箇所を見つける

ステップ3まで行ったレゾナンスマップを眺めます。

そして、関連しそうな用語や箇所を見つけます。深く掘り下げる場所を見つけ、その部分を読んでいきます。ポイントは、**そのランキング上位本の共通項と差異を見つけることで、新規性を探していきます。**

共通項や新規性が見つかったら、各々のレゾナンスマップに書き加えていきましょう。この時点では、あまり細かく読み込む必要はありません。

著者たちがあなたの掲げたテーマで集まって会議しているイメージです。あなたのテーマで自由にダイアローグして、新しい発見をしようとしていると考えてください。

⑥自分の言葉でまとめる

書き込み終わった各々のレゾナンスマップを眺めてみましょう。

あなたのテーマに合わせて、その分野のプロフェッショナルたちが、さまざまなアドバイスをしてくれています。あなたはそのさまざまな意見を、公平的、中立的な立場で、共通点と相違点をまとめて評価していきます。

そして、**その著者たちのアドバイスをもとにあなたの言葉でまとめます。**

⑦自分のブランドワードを作成する

再度レゾナンスマップを眺めます。そこに書かれた、レゾナンスワードやメモを見て、自分につながるブランドワードを作っていきます。

ブランドは、大きく次の2つから構成されます。

ひとつに、いままでやってきたこと。**「あなたの資源、強み」**。

もうひとつは、いまやっていることや、これからやっていきたいこと。**「あなたの活動、あなたらしさ」**です。

いままでやってきたことにつながる言葉を8つ。いまやっていることや、これからやっていきたいことにつながる言葉を9つ。それぞれ選んでください。合計17個になります。

⑧ブランドワードを使いながら新しい切り口（意見）を作る

その17のブランドワードを見ながら、あなたのテーマに対して新しい切り口を作ります。たとえば、いままでやってきたことが「英語」で、これからやっていきたいことが「教育」だとします。新しい切り口は「2時間で英語が話せる7つのコツ」と発想します。

⑨新しい切り口をもとに、レポートや記事にまとめる

テーマに対して新しい意見が決まったら、レポートやブログ記事、論文を書き上げてみましょう。

この方法だと、だいたい2日で専門家レベルの知識が身につきます。

このようなレゾナンスリーディングの多読を実践した人の実例をご紹介しましょう。

システムエンジニア会社で働く金子純子さんは、マネジメント関連の本を多読していきました。すると、もともとは技術職でしたが、ジェネラリストの上位職に昇給することができました。

昇給できた理由は、レゾナンスリーディングで多読することによって、**変化に対応できる力を身につけられたから**、と喜ばれていました。

生成AIでアウトプット

ここまでたくさんの本を読むメリットや、どうやってたくさんの本を読んできたかをお話ししました。

読後には、インプットした情報をいかに「使える情報」に変えるかが大事です。

私は本を読んだ後、2章でも紹介した、紙に覚えていることを書き出してみる「ゼロ再生法」を試みています。この手法を通すと、**記憶に残りやすいだけでなく、新しいアイデアが生まれやすいのです。**

紙に書き出す以外にも、**音声入力で「復元」をはかる方法をよく行っています。**

たとえば、読んだ本の内容をオンラインサロンや、クライアント向けにまとめたいとき。

マイクロソフトのワードの「ディクテーション」機能で、音声入力をします。

次に、音声入力した内容をリライトします。

いままでは自分でリライトしていたのですが、最近は**ChatGPTや、Gemini、Claudeといった生成ＡＩに、「次の文章の校正、校閲をしてください」「文章の分量はそのまま」「自然な日本語」「えー、はカット」などと入力してリライトしてもらいます。**

生成ＡＩは日によって状況が異なります。まずひとつ試してうまくいかなかったら、他も試し、自分の意図に合った文章を校正してくれるものを使います。

さらに、ＡＩが生成した校正された文章を、「内容が変わっていないか」「文章の流れはこの状態でいいのか？」などの観点からチェックしながら、再度自分の手でリライトを行います。

現段階での生成ＡＩは、要約力が強いので文章が短くなる傾向にあります。

要約されることで、抜け落ちてしまうことがあるため、文章の分量が短くなりすぎていないかをチェックします。

リライトした情報を、オンラインサロンメンバーに伝え、そのメンバーの反応を見て、より膨らませてコンテンツ化した方がいいものは、試作セミナーを開催します。反応がよければ、そのまま講座化しますし、反応が悪ければ、寝かしておいて時期がくるのを待ちます。

このプロセスは、以前であれば3時間から半日ぐらいかけて行っていた作業でしたが、いまでは**ものの数分から1時間以内には終わってしまう**ので画期的です。

多読からコンテンツ化する流れとは？

アウトプットして**アイデアが生まれたら、それをコンテンツ化していきます**。

コンテンツのジャンルを考えるときに有効なのは、「TAGFISH」です。

T（tears）は、泣けるもの。

A（academic）は、学術的なもの。
G（growth）は、成長するもの。
F（fact）は、新事実があるもの。
I（idea）は、アイデアが面白いもの。
S（secret）は、秘密が明かされるもの。
H（how-to）は、ハウツー、ノウハウです。

自分で考えた「面白い」を、他者が見たり、体験したりしても「面白い」と成立するのか、それをテストするのも重要です。

ナンバーワン漫才を決める「M－1グランプリ」で、優勝するのは吉本興業の芸人たちが多いのはなぜでしょう？

それは、吉本興業が主催の大会であるというのもありますが、**吉本興業には場数を踏める環境があるから。**専用劇場で、ネタをテストできるのです。そこで、どういうリズムやテンポがヒットするのか、確かめることができるのです。

私の場合は、オンラインサロンでテストをしています。

ただ、テストというと軽く聞こえてしまいますが、プロトタイプとして本気で勝負しています。

これまで作ってきたコンテンツとしては、「秘密の手帳」というものがあります。

「秘密の手帳」とは、「西洋占星術の吉兆日」と、これまで私が実践してきた「願望実現系の手帳ノウハウ」、そして「生産性が上がる手帳の書き方」を入れたもの。コンテンツを何度もテストしながら作ってきたものです。

コンテンツ開発の具体例としてご紹介しましょう。

『言葉の力を高めると、夢はかなう』を書き終えた後、いままでの自分の願望実現メソッドを手帳で作りたいと考えました。

そこで、これまでの手帳術の流れがわかる本と、願望実現の本を集めました。

当時集めて読み直した本は、『TQ』『夢をかなえる人の手帳術』『ソース』『20代で始める「夢設計図」』『自分を予約する手帳術』『夢は、紙に書くと現実になる！』『When 完璧なタイミングを科学する』『天才たちの日課』『1440分の使い方』『自動的に夢がかなっていくブレイン・プログラミング』『未来思考の心理学』『「人生が充実する」時間のつかい方』です。

スタートは、コルクボードに夢を書き出したり、写真を入れたりする**「ドリームボード」や「宝地図」のようなものを「手帳」の形にできないかということ。**

そこで、講座を開発。当初は、「ビジョナリーマッピング」と名付けたのですが、語感が悪く集客もイマイチ。ですが、テストベースにもかかわらず、受講生の夢はかなったのです。

分岐点としては、サロンメンバーの福永彩子さんが「実現した夢」として、京都旅行のフォトブックをオフ会で見せてくれたこと。その瞬間に「その手があったか！」となりました。

いまの時代、オンデマンドで一冊単位から安価で作れます。それに、自由に自分の好きな写真を入れて作成できるというメリットを発見。瞬く間に、願望実現のオリジナル写真入りの手帳ができました。

「コラージュ手帳」と再命名。今度は、一気に広がっていきました。

オリジナル手帳ができるので、**占星術の要素も入れた手帳ができることがわかり、さらに開発していったのが「秘密の手帳」だったのです。**

おかげさまで、タイミングを見極める必要のある経営者、不動産業者やトレーダーなどの巨額の金銭を動かす人、そして1年を充実させたい多くのビジネスパーソンにもご愛顧いただいています。

「M-1グランプリ」が1年に1回しかないように、**よいコンテンツも、1年に1本か、2本ぐらい。**

ご紹介した例のように、そのコンテンツをテストして、フィードバックを受けて、ブラッシュアップして、フィックス（修正）して、精度を高めていきます。

本の未来はどうなっていくか？

この章の最後に、本の未来、そしてこれからの読書についてお話ししましょう。

本の未来について、ピーター・ディアマンディスの『2030年　すべてが「加速」する世界に備えよ』の中で、予測されています。

それは、SF作家のニール・スティーヴンスンが1995年に発表した『ダイヤモンド・エイジ』で描かれている本そのもの。**AIを搭載し、個々のユーザーに合わせて内容をカスタマイズする学習ツールです。**

センサーを使って、ユーザーのエネルギーレベルやそのとき抱いている感情をモニタリングし、狙い通りの成長を促すために、最適な学習環境を生み出す。ユーザーからの質問には、状況に合わせて興味をそそるような内容を返す。その本の目的は、人を社会のニーズに適合させるためではなく、強く、独立心と、共感力にあふれ、クリエイティブな思考のできる人間の育成というもの——こう述べています。

これは生成ＡＩの出現により、現実のものになりつつあります。

さらに、どんな言語でも本が読める時代は、もうまもなく迫っています。

もう技術的には、英語の本でも、中国語、韓国語、マレー語、フランス語、ドイツ語、スペイン語でも……どんな言語でも「翻訳」というボタンを押せば、一瞬にして、日本語で読めるようになっています。

事実、翻訳ツールDeepLには、ＰＤＦをはじめ、ワードやエクセル、パワーポイントのファイルをものの数秒から数分で、自動翻訳してくれる機能が備わっています。

何十時間も、何週間もかけていた翻訳がもうすでに、一瞬でできる時代が到来しているのです。

実際に、私が２０２４年に韓国で行ったセミナーの資料は、この機能を通して作成し、多少の手直しだけで、充分すぎる資料となりました。

私のクライアントでも、中国や台湾、ベトナムなどでも、この機能を使って資料を作成し、セミナーや会議を成功させることができています。

生成ＡＩがさらに活発化する時代は、生成されたテキストを読む力が重要になります。どんなによいコンテンツを生み出しても「読む」という受容方法が不可欠です。いまは、YouTubeなどの動画や音声メディアが注目されていますが、いずれ活字の処理スピードの大切さに気づくことでしょう。

また、**これまでの書籍をもとにした、「著者ＡＩ」が確立されていく**ことでしょう。「松下幸之助ＡＩ」や「稲盛和夫ＡＩ」「船井幸雄ＡＩ」「堀江貴文ＡＩ」など、数々の著作がある経営者の本をもとに、著者ＡＩが作られていくのでしょう。

2021年出版の拙著『ものの見方が変わるシン・読書術』では、どの言語でも書かれたものが自動翻訳される時代に必要とされるものを提示しました。

それは、素早く読める「本能的な読書力」と、書かれた内容以上に深める「理性的な読書力」を通して、導き出した**「新しい問い」を深める力**です。

出版から現在まで4年という歳月がたち、**生成ＡＩ時代において、まさしく「答え」よりも「問い＝プロンプト」の時代になってきています。**

この時代を生き抜くためには、いまの視点からいかにものの見方を変えて、新しい「問い」を生み出すのかが重要になっています。

この「問い」が大切な時代こそ、その「問い」に出合うための没入が必須の力。

没入こそが、新たな力を生み出すと思っています。

自分の才能をどのように使って、どんな選択をするのか。誰かに作られた人生を歩むのか、それとも本当に好きなことをする人生を歩むのか。

その選択肢は、あなたの手の中にあります。

没入読書は、まさしく、あなたの才能を生み出す方法なのです。

epilogue

本と前向きな想いさえあれば、いつだって人生はやり直せる

本好きがあふれる世界へ

ここまでお読みいただき、ありがとうございました。
本の世界に没入する体験はいかがでしたか？
すぐにできなくても大丈夫。
そして、全部やろうとしなくても大丈夫です。
できる範囲で、本の世界を楽しんでいってください。それがあなたの毎日、そして

人生を豊かにしてくれるでしょう。

この本のミッション（使命）は、**世界中にいる「読書が苦手な人」をなくすこと。**多くの人の手に渡り、本好きになる人が、どんどん増えていくことを願っています。

本好きがあふれる世界では、調和に満ちあふれた「戦争のない」、真の平和の世の中が訪れると信じています。

読書には人生を変える力がある

この本を書き終えたときに、亡き父がある本をプレゼントしてくれた懐かしい光景がよみがえりました。

プロローグで、本が読めなくて読書が苦手だったことをお話ししました。それでも私は、ずっと「本を読めるようになりたい」と願っていました。

その理由は、尊敬する父がどんな本に触れて、どういう思考をもっていたのかを知りたかったから。何より、父からプレゼントしてもらった〝赤い本〟と〝白い本〟を読んでみたかったからです。

〝赤い本〟とは、鮮やかな赤い色のカバーが掛かったリチャード・カールソンの『小さいことにくよくよするな！』（旧版）、そして〝白い本〟とは、真っ白いカバーにシンプルなタイトルが目立つ稲盛和夫氏の『生き方』という本でした。

20年前、本が読めるようになったとき、真っ先に読んだのがこの2冊でした。そのとき、父が手渡してくれた2冊の本に込めた想（おも）いがわかった気がしたのです。

「前向きな想いさえあれば、いつだって人生はやり直せる」という想いが――。

読書には、人生を変える力があります。そして、本に込められた想いの大きさに合わせて、さまざまな人と人とをつないでくれるのです。

私が最初に執筆した本もそうしたご縁のおかげで出版することができました。ご縁をつないでくださった小沼利行さんは、レゾナンスリーディングを体験し、「ヤスさん、これは世に出さないといけないですよ」とサンマーク出版をご紹介してくださいました。サンマーク出版は、あの〝赤い本〟と〝白い本〟の版元でした。

サンマーク出版のミッションのひとつは、「手のひらに、一冊のエネルギー。」です。ホームページにある代表取締役黒川精一氏のメッセージには、こう書かれています。

「本にはつくり手の膨大なエネルギーが宿っており、それは読者の人生を変えるパワーがあると信じているからです。人間には、自分を支えてくれる『言葉』が必要です。人と言葉の出会いを創り出す。そんな私たちの思いを『手のひらに、一冊のエネルギー。』というメッセージに込めています」

本を没入して読むことで、本のエネルギーを受け取れる、そう私は考えています。

また、3章でお話しした究極の没入読書である「レゾナンスリーディング」の仕組みも同じです。著者や編集者、装丁家やデザイナーといった作り手たちの「本のエネルギー」を感じ取って、そのエネルギーをレゾナンスマップに「転写」させるからです。

そして、そのエネルギーが宿る言葉との出合いによって、人生は変わるのです。

最後になりましたが、この『没入読書』を読んでくださったあなたに感謝いたします。

あなたが、この本を通じ、本が読めないといった思いから少しでも解放され、**本を人生という旅の〝相棒〟**としてくれたらうれしいです。

本のもたらすエネルギーで、ひとりでも多くの人に、すべてのよきことが温泉のごとく湧きあふれて、理想の人生に共鳴する日々が訪れつづけますように。

渡邊　康弘

謝辞

本書の執筆にあたり、多くの方々のご支援をいただきました。本を読む楽しさと人生を豊かにする方法を教えてくれた神田昌典さん。神田さんの一つひとつの教えなしには、いまの私はありません。心から感謝しております。ポール・シーリィ博士、トニー・ブザン先生、イヴ・ピニュール教授といった世界の教育リーダーにお会いし、交流できたことが本書につながっております。感謝しております。

そして、未熟な私と共に一緒に歩んでくれたファシリテーターのみなさん、特に、新条正恵さん、山川祐樹さん、生乃三陽子さん、渡邉雅也さん、北村志麻さん、濱崎恭明さん、大竹秀敏さん、金子純子さん、三牧純子さん、西尾拓真さん、菊池未希子さん、山本誠一郎さん、山口能敬さん、密山妙子さん、レゾナンスリーディングで実績を上げ、多くの受講生を育ててくださって、ありがとうございます。

また、レゾナンスリーディングを学びつづけてくれているオンラインサロンのメンバーと受講生のみなさん。素晴らしい体験だけでなく、多くの学びを共有してくれてありがとうございます。この本はみなさんの共有なしにはありえませんでした。

不思議なご縁を勝手に感じて、あれから約10年。サンマーク出版で、一冊目からお世話になり、4冊目となる本書があるのは、ご紹介いただいた小沼利行さん、植木宣隆会長、黒川精一社長のおかげです。本当にありがとうございます。

編集担当の金子尚美さんには、一冊目から約10年にわたり、編集をご担当していただきました。本当にありがとうございます。このご縁に心より感謝しております。

参考文献・論文

prologue

『お金と英語の非常識な関係』〈上・下〉神田昌典著（フォレスト出版）

1章

『脳が認める勉強法』ベネディクト・キャリー著、花塚恵訳（ダイヤモンド社）

『ATTENTION SPAN デジタル時代の「集中力」の科学』
グロリア・マーク著、依田卓巳訳（日本経済新聞出版）

『なぜ働いていると本が読めなくなるのか』三宅香帆著（集英社）

『ハーバードメディカルスクール式 人生を変える集中力』
ポール・ハマーネス他，著、森田由美訳（文響社）

『マインドマップ読書術』
トニー・ブザン著、近田美季子監訳（ディスカヴァー・トゥエンティワン）

『新版 あなたもいままでの10倍速く本が読める』
ポール・R・シーリィ著、神田昌典監修、井上久美訳（フォレスト出版）

『フォトリーディング超速読術』
フォトリーディング公認インストラクターズ著（フォレスト出版）

『ものの見方が変わるシン・読書術』渡邊康弘著（サンマーク出版）

『フロー体験 喜びの現象学』
M・チクセントミハイ著、今村浩明訳（世界思想社）

『ゾーンの入り方』室伏広治著（集英社）

『非常識経営の夜明け 燃える「フロー」型組織が奇跡を生む』
天外伺朗著（講談社）

『LIMITLESS［拡張版］超・超加速学習』
ジム・クウィック著、三輪美矢子訳（東洋経済新報社）

『2030年　すべてが「加速」する世界に備えよ』
ピーター・ディアマンディス他,著、土方奈美訳（NewsPicksパブリッシング）

『一冊の手帳で夢は必ずかなう』熊谷正寿著（かんき出版）

『20代で始める「夢設計図」』熊谷正寿著（大和書房）

『夢を見るために毎朝僕は目覚めるのです』村上春樹著（文藝春秋）

『ノルウェイの森』〈上・下〉村上春樹著（講談社）

『ねじまき鳥クロニクル』〈第1部～第3部〉村上春樹著（新潮社）

『海辺のカフカ』〈上・下〉村上春樹著（新潮社）

『1Q84』〈BOOK1～BOOK3〉村上春樹著（新潮社）

『街とその不確かな壁』村上春樹著（新潮社）

『烏に単は似合わない』阿部智里著（文藝春秋）

『かがみの孤城』辻村深月著（ポプラ社）

『能力はどのように遺伝するのか』安藤寿康著（講談社）

『運は遺伝する』橘玲他,著（NHK出版）

『THE CHILD CODE 「遺伝が9割」そして、親にできること』
ダニエル・ディック著、竹内薫監訳（三笠書房）

「We know parents shape their children's reading – but so can aunts, uncles and grandparents, by sharing beloved books」
Emily Grace Baulch, The University of Queensland
（The Conversation）

『スタンフォード大学の共感の授業』
ジャミール・ザキ著、上原裕美子訳（ダイヤモンド社）

Philip J. Mazzocco, Melanie C. Green, Jo Sasota, Norman W. Jones. (2010). This story is not for everyone: Transportability and narrative persuasion. Social Psychological and Personality Science. 1. 10.1177/1948550610376600.

Johnson, D. R. (2013). Transportation into literary fiction reduces prejudice against and increases empathy for Arab-Muslims. Scientific Study of Literature, 3(1), 77–92.

『葉隠入門』三島由紀夫著（新潮社）

『江戸の読書熱』鈴木俊幸著（平凡社）

『カッパ兵法』神吉晴夫著（華書房）

『カッパ軍団をひきいて』神吉晴夫著（学陽書房）

『アイデアのつくり方』
ジェームス・W・ヤング著、今井茂雄訳（CCCメディアハウス）

『「週4時間」だけ働く。』ティモシー・フェリス著、田中じゅん訳（青志社）

『1万円起業』クリス・ギレボー著、本田直之監訳（飛鳥新社）

『スーツケース起業家』ナタリー・シッソン著、タカ大丸訳（三五館）

2章

『フロー体験とグッドビジネス』
M・チクセントミハイ著、大森弘監訳（世界思想社）

『フロー体験入門』M・チクセントミハイ著、大森弘監訳（世界思想社）

『クリエイティヴィティ』
M・チクセントミハイ著、浅川希洋志監訳、須藤祐二他，訳（世界思想社）

『新1分間マネジャー』
ケン・ブランチャード他,著、金井壽宏監訳、田辺希久子訳(ダイヤモンド社)

『GRIT』アンジェラ・ダックワース著、神崎朗子訳(ダイヤモンド社)

『超一流になるのは才能か努力か?』
アンダース・エリクソン他,著、土方奈美訳(文藝春秋)

『使える脳の鍛え方』ピーター・ブラウン他,著、依田卓巳訳(NTT出版)

『人はいかに学ぶのか』
全米科学・工学・医学アカデミー編、秋田喜代美他,監訳(北大路書房)

『ULTRA LEARNING 超・自習法』
スコット・H・ヤング著、小林啓倫訳(ダイヤモンド社)

『Learn Better』アーリック・ボーザー著、月谷真紀訳(英治出版)

『ビジョナリー・カンパニー4』ジム・コリンズ他,著、牧野洋訳(日経BP社)

『Measure What Matters』
ジョン・ドーア著、土方奈美訳(日本経済新聞出版社)

『10倍成長』
ダン・サリヴァン他,著、深町あおい訳(ディスカヴァー・トゥエンティワン)

『新版 スーパーラーニング』
シーラ・オストランダー他,著、ジャン・マケーレブ英文監修(朝日出版社)

『エブリデイ・ジーニアス』
ピーター・クライン著、井出野浩貴他,訳(フォレスト出版)

『感覚、知覚および心理生理学的過程の催眠性変容』
ミルトン・H・エリクソン著、羽白誠監訳(二瓶社)

『When 完璧なタイミングを科学する』
ダニエル・ピンク著、勝間和代監訳(講談社)

『**小さな習慣**』スティーヴン・ガイズ著、田口未和訳（ダイヤモンド社）

3章

『**スタンフォードのストレスを力に変える教科書**』
ケリー・マクゴニガル著、神崎朗子訳（大和書房）

『**教養としての認知科学**』鈴木宏昭著（東京大学出版会）

『**進化の意外な順序**』
アントニオ・ダマシオ著、高橋洋訳（白揚社）

4章

『**渋谷ではたらく社長の告白**』藤田晋著（幻冬舎）

『**成功者の告白**』神田昌典著（講談社）

『**思考は現実化する**』ナポレオン・ヒル著、田中孝顕訳（きこ書房）

『**第三の波**』
アルビン・トフラー著、徳山二郎監修、鈴木健次他,訳（日本放送出版協会）

『**マネジメント〔エッセンシャル版〕**』
P・F・ドラッカー著、上田惇生編訳（ダイヤモンド社）

『**ネクスト・ソサエティ**』P・F・ドラッカー著、上田惇生訳（ダイヤモンド社）

『**ビジネスモデル・ジェネレーション**』
アレックス・オスターワルダー他,著、小山龍介訳（翔泳社）

『**Resonate**』Nancy Duarte著（Wiley）

『**神々の沈黙**』ジュリアン・ジェインズ著、柴田裕之訳（紀伊國屋書店）

『**ユーザーイリュージョン**』
トール・ノーレットランダーシュ著、柴田裕之訳（紀伊國屋書店）

『ビジョナリー・カンパニー』ジム・コリンズ他,著、山岡洋一訳(日経BP社)

『ビジョナリー・カンパニー2』ジェームズ・C・コリンズ著、山岡洋一訳(日経BP社)

『TQ』ハイラム・W・スミス著、黄木信他,訳(SBクリエイティブ)

『夢をかなえる人の手帳術』藤沢優月著(ディスカヴァー・トゥエンティワン)

『ソース』マイク・マクマナス著、ヒューイ陽子訳(ヴォイス)

『自分を予約する手帳術』佐々木かをり著(ダイヤモンド社)

『夢は、紙に書くと現実になる!』
ヘンリエッタ・アン・クロウザー著、野津智子訳(PHP研究所)

『天才たちの日課』メイソン・カリー著、金原瑞人他,訳(フィルムアート社)

『1440分の使い方』ケビン・クルーズ著、木村千里訳(パンローリング)

『自動的に夢がかなっていくブレイン・プログラミング』
アラン・ピーズ他,著、市中芳江訳(サンマーク出版)

『未来思考の心理学』
ガブリエル・エッティンゲン他,編、後藤崇志他,監訳(北大路書房)

『「人生が充実する」時間のつかい方』
キャシー・ホームズ著、松丸さとみ訳(翔泳社)

『アート脳』スーザン・マグサメン他,著、須川綾子訳(PHP研究所)

epilogue

『小さいことにくよくよするな!』
リチャード・カールソン著、小沢瑞穂訳(サンマーク出版)

『生き方』稲盛和夫著(サンマーク出版)

渡邊康弘

（わたなべ・やすひろ）


年間3000冊以上読破する読書家。

青山学院大学経済学部卒。幼少期より読書が大の苦手だったが、20歳のときに一冊の本に出合い、本が読めるようになることで人生が激変。ベンチャー企業の立ち上げなどを経験後、独立。その後、最新の脳科学、行動経済学、認知心理学をもとにした独自の読書法「レゾナンスリーディング」を生み出す。10歳から91歳まで全国4500人以上が実践、好評を得ている。現在、企業コンサルタントや、読書のコミュニティのオンラインサロン運営、読書イベント、海外著者との交流会を催すなど、読書文化を広げる活動を行っている。著書に『言葉の力を高めると、夢はかなう』『ものの見方が変わるシン・読書術』（ともにサンマーク出版）。翻訳協力に『ビジネスモデルYOU』（翔泳社）、『イルミネート：道を照らせ。』（ビー・エヌ・エヌ新社）がある。

レゾナンスリーディングHP https://www.resonancereading.com

没入読書

2025年　3月20日　初版発行
2025年　6月10日　第3刷発行

著　者　渡邊康弘
発行人　黒川精一
発行所　株式会社 サンマーク出版
〒169-0074
東京都新宿区北新宿2-21-1
（電）03-5348-7800
印　刷　共同印刷株式会社
製　本　株式会社若林製本工場

ISBN978-4-7631-4204-7　C0030
ホームページ https://www.sunmark.co.jp

裏面の「レゾナンスマップ」は、
左記よりダウンロードしていただくこともできます。
用途に合わせてご活用ください。

https://www.sunmark.co.jp/book_files/pdf/4204-7botsunyu-2803.pdf

キリトリ

目的
行動計画プロジェクト
書籍名
キリトリ